Aufgewachsen
in der
DDR

Angelika Friederici

WIR
vom
Jahrgang
1958

Kindheit und Jugend

Wartberg Verlag

Impressum

Bildnachweis:

Titel: Autorin: oben rechts, mitte links, unten; Karl-Robert Schütze: mitte rechts

Autorin: S. 4, 6 o, 6 li, 7 li, 8, 10 o, 10 u, 11 li, 13 o, 13 u, 19 o, 21, 23, 26 u, 28, 29, 39, 40 u. li, 45 o, 49 u, 50, 54 re, 54 u, 57, 58, 61;

Dokumentationszentrum Alltagskultur der DDR, Eisenhüttenstadt: S. 6 re, 24, 27, 43; Barbara Friederici: S. 7 mi, 9 u, 18, 19 u, 26 o, 33, 34 u, 36, 41 u, 44, 46 o, 46 u, 53; Uwe de la Motte: S. 7 re, 24, 60 re, 63; Matthias Baumann: S. 9 o; Sonja Jastram: S. 11 li, 30, 31 u, 47, 54 mi, 56 o; Christel Friederici: S. 14, 15 li, 32, 34 o, 35, 37, 56 u; ullstein bild–gardi: S. 15 re; Lutz Löscher: S. 17; Gertrud Friederici: S. 20; Dorle Friederici: S. 22; Bruno Samland: S. 26 ; Mosaik von Hannes Hegen © Tessloff Verlag, Nürnberg: S. 31 o. re; Cover von Zentralrat der Freien Deutschen Jugend (Hrsg.): Handbuch des Pionierleiters. © Verlag Neues Leben, Berlin 1955: S. 31 o. li; Karl-Robert Schütze: S. 38, 62; Hanno Strauß: S. 40 o, 42 re, 45 u, 59 o. 0; Cover von James Fenimore Cooper, Die Prärie © Verlag Neues Leben, Berlin 1955: S. 40 u. re; Cover von Robert Louis Stevenson, Die Schatzinsel © Verlag Neues Leben, Berlin 1954: S. 41 o; ullstein bild-DHM/Schwarzer: S. 42 li; Marianne Baumann: S. 48; Matthias Baumann: S. 49 o, 52, 59 u; ullstein bild/Klöppel: S. 63 li.

Wir danken allen Lizenzträgern für die freundliche Abdruckgenehmigung. In Fällen, in denen es nicht gelang, Rechtsinhaber an Abbildungen zu ermitteln, bleiben Honoraransprüche gewahrt.

Danken möchte ich – für Gespräche, anregende Ausstellungsbesuche und Bildbereitstellung – meiner Schwester Barbara, Sonja, Lutz, Karl-Robert, Uwe, Matthias, Hanno sowie meiner Mutter. A. F.

8. Auflage 2018
Alle Rechte vorbehalten, auch die des auszugsweisen Nachdrucks und der fotomechanischen Wiedergabe.
Gestaltung und Satz: r2 | Ravenstein, Verden
Druck: Druck- und Verlagshaus Thiele & Schwarz GmbH, Kassel
Buchbinderische Verarbeitung: Buchbinderei S. R. Büge, Celle
© Wartberg-Verlag GmbH
34281 Gudensberg-Gleichen • Im Wiesental 1
Telefon: 056 03/9 30 50 • www.wartberg-verlag.de
ISBN: 978-3-8313-3158-1

Vorwort
Liebe 58er!

Kinder des Jahrgangs 1958, geboren und aufgewachsen in der von der politischen Landkarte verschwundenen DDR – wie sind wir eigentlich groß geworden?

Zwischen stets mangelndem Pflaumenmus im blau-weißen Steingut-Töpfchen aus dem Konsum, selbst eingeblitzten Obstkonserven und überteuerten Delikat-Lebensmittelläden? Zwischen regelmäßigen Schutzimpfungen und zu oft konsumiertem synthetisierten Penizillin? Zwischen anerzogenem und gern gelebtem Gemeinschaftssinn, autoritärer Erziehung und regelmäßigen Fahnenappellen? Vielleicht waren es ja auch solch disziplinierende und kein Ich-Gefühl zulassende Fahnenappelle, die bei den ausgeschlafenen 58ern eine täglich zu erneuernde, komplizierte Mischung aus bewusster Anpassung und wachem Widerspruchsgeist produzieren konnten?

Auch wenn wir in diesen ersten 18 Jahren unseren eigenen „Zeithorizont" entwickeln würden, stießen wir auf dem Weg dorthin immer wieder an den der anderen – den unserer Eltern, Großeltern, älteren und jüngeren Geschwister, Lehrer, Machthabenden. Da sich unser privater Alltag nicht vom politischen Alltag würde trennen lassen, zeitigte dies Folgen.

So sind die 58er zeitgleich mit der Machtentfaltung des Mannes groß geworden, der 1989 bei seinem politischen Sturz das komplette Staatswesen DDR mit sich in die Tiefe reißen sollte. Denn 1958 wurde Erich Honecker zum „Mitglied des Politbüros des Zentralkomitees" und „Sekretär des Zentralkomitees der Sozialistischen Einheitspartei Deutschlands" und damit zum zweitwichtigsten Funktionär nach Walter Ulbricht.

In diesem ideologischen Rahmen erlebten wir unsere Kindheit und Jugendzeit mal mehr und mal weniger unbeschwert, gestalteten sie mal mehr und mal weniger überzeugt, zweifelnd, verunsichert oder irritiert.

Angelika Friederici

Symbolisches Ende der Nachkriegszeit

Am Anfang waren 3400 Gramm.

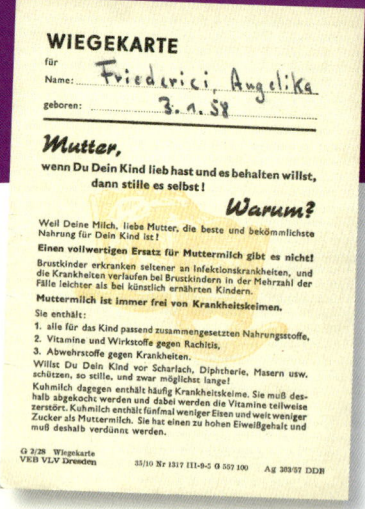

WIEGEKARTE

für

Name: Friederici, Angelika

geboren: 3.1.58

Mutter,
wenn Du Dein Kind lieb hast und es behalten willst, dann stille es selbst!

Warum?

Weil Deine Milch, liebe Mutter, die beste und bekömmlichste Nahrung für Dein Kind ist!

Einen vollwertigen Ersatz für Muttermilch gibt es nicht!

Brustkinder erkranken seltener an Infektionskrankheiten, und die Krankheiten verlaufen bei Brustkindern in der Mehrzahl der Fälle leichter als bei künstlich ernährten Kindern.

Muttermilch ist immer frei von Krankheitskeimen.

Sie enthält:
1. alle für das Kind passend zusammengesetzten Nahrungsstoffe,
2. Vitamine und Wirkstoffe gegen Rachitis,
3. Abwehrstoffe gegen Krankheiten.

Willst Du Dein Kind vor Scharlach, Diphtherie, Masern usw. schützen, so stille, und zwar möglichst lange!

Kuhmilch dagegen enthält häufig Krankheitskeime. Sie muß deshalb abgekocht werden und dabei werden die Vitamine teilweise zerstört. Kuhmilch enthält fünfmal weniger Eisen und weit weniger Zucker als Muttermilch. Sie hat einen zu hohen Eiweißgehalt und muß deshalb verdünnt werden.

G 2/28 Wiegekarte
VEB VLV Dresden   33/10 Nr 1317 III-9-5 G 557 100   Ag 389/57 DDR

Angekommen!

Die Entscheidung darüber, wann und wo wir geboren wurden, trafen unsere Eltern für uns. Die Väter waren vollbeschäftigt und brachten das Geld nach Hause, über 30% der Frauen waren Mitte der 60er-Jahre nicht berufstätig und sorgten zu Hause für uns – wohingegen 1988 bereits 91% der Frauen berufstätig oder in Ausbildung waren. Nun begann die Zeit, in der wir noch Monat für Monat zunehmen sollten, was wir auch taten, Muttermilch oder „Dekristol" sei Dank. Zwischen 1958 und 1960 erhöhten wir unser Anfangsgewicht auf 14 kg um das olympiaverdächtige Vierfache!

Vieles, das Weichen für unser Leben stellte, wurde in den ersten drei Lebensjahren ohne uns beschlossen. So verschwanden im Juni 1958 die

Chronik

28. Mai 1958
Abschaffung der Lebensmittelkarten.

10.–14. Juli 1958
V. Parteitag der SED, auf dessen Tagesordnung nicht mehr die Liberalisierung, sondern der Ausbau der Macht der SED sowie die Intensivierung des Aufbaus des Sozialismus steht.

8. September 1958
Interflug wird gegründet.

27. November 1958
Berlin-Ultimatum der Sowjetunion an die westlichen Siegermächte des Zweiten Weltkriegs, die USA, Großbritannien und Frankreich, welches das Potenzial einer Kriegsandrohung enthält.

1. Januar 1959
Aus Kuba flieht der Diktator Fulgencio Batista, Fidel Castro rückt mit Ché Guevara und den Revolutionstruppen in Havanna ein und kommt als Führer einer Rebellenarmee an die Macht.

2. Januar 1959
Der sowjetische Satellit „Lunik 1" fliegt zum Mond; am 4. Oktober wird „Lunik 3" gestartet und macht erstmals Bilder von der erdabgewandten Seite des Mondes.

21. Dezember 1959
China annektiert Tibet, der 14. Dalai Lama flieht ins indische Exil. In Lhasa kommt es zum Volksaufstand gegen die chinesische Besetzung Tibets.

7. Mai 1960
Der Oberste Sowjet wählt Leonid Breshnew zum neuen Vorsitzenden seines Präsidiums.

20. August 1960
Die Hunde „Belka" und „Strelka" sind die ersten Lebewesen, die in das Weltall geschossen werden und lebend zurückkehren. Die Aktion findet im Rahmen der Sputnik-5-Aktion statt.

9. September 1960
Bürger der BRD dürfen nicht mehr ohne beantragte/bestätigte Aufenthaltsgenehmigung nach Ost-Berlin einreisen – Einwohner der DDR erhalten kein Visum mehr für Reisen außerhalb der Staaten des sozialistischen Weltsystems.

allerletzten rationierenden Lebensmittelkarten, was in der DDR als symbolisches Ende der Nachkriegszeit gewertet wurde. Preise wurden erhöht, einige gesenkt und nach einem überall geltenden Endverbraucherpreis von Ahlbeck bis Zittau vereinheitlicht – das halbe Pfund Butter kostete nur noch 2,50 DM, eine Bockwurst 80 Pfennig, ein Brötchen fünf Pfennig. Als Ausgleich für Preiserhöhungen wurde 1958 ein monatlicher Kinderzuschlag von 20 DM für jedes Kind bis zum 16. Lebensjahr eingeführt. 1958 ist die Zwangskollektivierung landwirtschaftlicher Bauernhöfe beschlossen worden, von denen erst ein Drittel der Bauern freiwillig den LPGs beigetreten waren – 1960 bereits wurde die vollständige Kollektivierung verkündet.

Deutsch-deutsche Konditionierung

Frühestmöglich war die Ost-West-Konditionierung unseres Jahrgangs eröffnet worden! Walter Ulbricht selbst war es, der – nie vergessen von unseren Eltern und Großeltern – eine der Hürden gelegt hatte, die die DDR sich 40 Jahre lang vergeblich anschicken sollte, zu nehmen. Denn im Juli 1958 hatte er auf dem V. Parteitag der

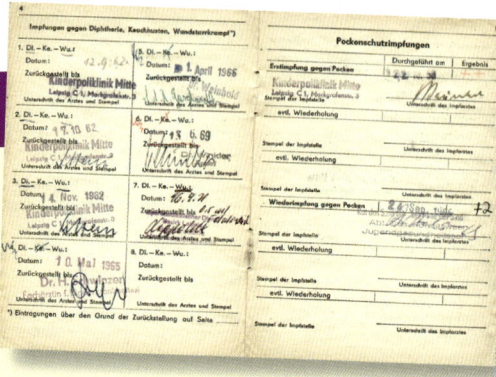

SED die „Vollendung" des sozialistischen
Aufbaus verkündet – bis 1961 wollte die
von uns noch nicht wahrgenommene
DDR die von uns noch nicht wahrgenommene BRD wirtschaftlich ein- und
schließlich überholt haben: Beim Pro-Kopf-Ver-
brauch vor allem von Fleisch und Butter sowie bei der Ausstattung an Haushalts-
gegenständen wie Kühlschränken, Waschmaschinen und Fernsehern.

Weggegangen

*Nur rein statistisch konnten wir Ankom-
menden 1958 die Anzahl der Flüchtlinge
aus unserem angehenden Heimatland
auffangen. Allein in unserem Geburtsjahr
flüchteten 204 092 Menschen aus der
DDR, eine Zahl, die 1959 mit 143 917*
*auf den tiefsten Stand seit Gründung
des Landes sank, um 1960 auf 199 188
anzuschwellen und bis zum August
1961 auf 159 730 anzusteigen, wobei
monatlich etwa 19 000 Menschen die
DDR verließen.*

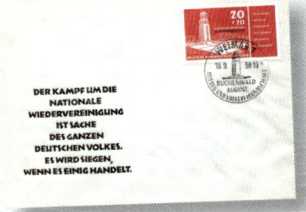

Offizieller politischer Zeitgeist 1958.

Kindergeld für unsere Eltern.

Alles so schön hell hier

Die erste Zeit stand unser fahrbares Korbbettchen nachts im Elternschlafzimmer.
Tagsüber wurde es in andere Räume gerollt, in denen wir nie allein sein
mussten, bei schönem Wetter stand es auf dem hellen Balkon oder im Freien.
Direkt über unsere Nase spannte man einen dünnen Bindfaden zwischen die

beiden Bettseiten und hing daran in Kölnisch Wasser getunkte Wattebausche, durch die wir stundenlang beduftet, beglückt und ruhiggestellt wurden. Kleinere Spielsachen, die später am Gitterbett festgebunden wurden, beschäftigten unsere Finger und Augen.

Wir lagen praktischerweise noch in einem Kinderwagen, in dem schon unsere älteren Geschwister größer geworden waren. In keinem Zeitzer Kinderwagen also, keinem „Zekiwa", wie er seit 1958 im VEB Zeitzer Kinderwagenindustrie hieß.

Gemol und Fewa

Unsere „Bäh-Windeln" und die „Bäh-Hösi" wurden in keiner Maschine gewaschen, sondern auf dem anzuheizenden gemauerten Küchenherd arbeitsaufwendig ausgekocht. Zum Enthärten des Waschwassers benutzten unsere Mütter das Waschhilfsmittel Gemol rapid aus dem VEB Waschmittelwerk Genthin, welches dem Wasser zuzusetzen war, bevor die Wäsche eingelegt wurde. Vollwaschmittel wie Spee kamen erst 1969 in den Handel und mutierten sofort zur Mangel- und Tauschware. Das bevorzugte Waschmittel war Fewa in Pulverfom oder Fay aus dem blauen Pappkarton.

Die reinste Bettchen-und Wagenparade!

Deine früheste Erinnerung?

Du liegst auf dem Rücken und schaust hoch auf die kalkweiß getünchte, sich weit spannende Zimmerdecke. Auf der einen, dir gerade noch einsehbaren Wandseite tummeln sich unentwegt grau-weiße Schattenspiele. Die weißen Früchte, Blüten, Blätter und Ranken an der Decke scheinen zu tanzen, sind ständig in Bewegung, werfen unentwegt veränderte Schatten und faszinieren dich lange Zeit. Drehtest du den Kopf auf die linke Seite, sahst du den oberen Teil einer riesigen weiß lackierten Zimmertür mit vielen weißen Fächern und Rillen darauf sowie eine hell glänzende große Türklinke. Auch sie wurde manchmal etwas dunkler, um jedoch gleich darauf deine Augen zu blenden. Erst sehr viel später kannst du die Bilder deuten: Es war der üppige Deckenstuck, der dich in Bann hielt. Draußen muss es rasch abwechselnd sonnig, wolkig und vor allem sehr windig gewesen sein. Die Sonne hatte ein Spiel mit dir gespielt.

Echt Fit

Während wir auf dem Töpfchen saßen und die Wäsche vor sich hin kochte, erledigten die Mütter das Kochen, Einkochen und Backen sowie den Abwasch und andere Arbeiten des Tages. Mithilfe des seit 1957 universell einsetzbaren Geschirrspülmittels Fit – mit dem wir selbst später ebenfalls die Hausarbeiten verrichten würden – sollte das von nun an ganz flott und ganz fix von der Hand gehen! Ein kleiner Gasdurchlauferhitzer in der Küche sowie ein elektrischer Wasserspeicher im Bad gelangten oft erst

um 1960 oder später in die Haushalte. Die ersten Kinderbilder von uns entstanden mit einer sehr preiswerten Perfekta-Kamera, bald darauf erwarben unsere Eltern eine 1958 in Dresden entwickelte Kleinbild-Spiegelreflexkamera Pentina oder eine Precisa für 100 DM.

Die Blecheisenbahn war das Größte.

Unsre Katz heißt Mohrle

Selbst noch nicht recht in der Lage zu sprechen, hörten wir die ersten Kinderlieder, spielten und tanzten danach, begriffen sie langsam. Wir Mädchen fühlten uns immer wieder von den Tierliedern angesprochen. Angefangen bei „Alle meine Entchen", hörten wir gern das „Kuckuck, Kuckuck" aus dem Wald, „Ich bin die Frau Hummel", „Fuchs, du hast die Gans gestohlen" und „Summ, summ, summ". „Dornröschen war ein schönes Kind", „Meine Blümchen haben Durst", „Zeigt her eure Füße", „Wir haben uns alle im Kreis aufgestellt", „Backe, backe Kuchen" oder „Es war eine Mutter, die hatte vier Kinder" kennen wir noch, während die Jungen neben „Hänschen klein" beeindruckt waren vom „Schaffnerlied" und vom „Rätsellied".

Zum Begreifen, wer das Männlein ist, das im Walde steht, brauchten wir allerdings etwas länger, da half erst der Opernbesuch bei „Hänsel und Gretel". Auch die „Negelein", mit denen die Kissen bestickt waren, hatten uns eine geraume Zeit fürchten lassen, das arme darin besungene Kind müsse erst mit Eisennägeln bestückt werden, um einzuschlafen.

Dieser Geburtstag brachte viele Geschenke.

Unsere vier Wände

Als wir im Krabbel- und Laufalter waren, bemerkten wir die beiden letzten Türen im langen Korridor, die sich wohl nie öffneten und daher eine verzauberte Aura verströmten. Wer lebte dahinter – eine böse Fee? Eine gute Fee? Noch später begriffen wir, dass in den beiden Nachbarzimmern eine Untermieterin wohnte,

9

1. bis 3. Lebensjahr

die tagsüber arbeitete und immer morgens und abends Wasser aus unserer Küche holte. Auch die Innentoilette durften sie und ihre Gäste zum täglichen Leidwesen unserer Mütter mitbenutzen, während sie doch von der zweiwöchentlichen Haustreppenreinigung befreit war. Ihre erste gemeinsame Wohnung hatten unsere Eltern erst wenige Jahre vor unserer Geburt erhalten, mit dem Wermutstropfen einer Mitbewohnerin. Bis Anfang der 60er-Jahre lebte diese in unserer Wohnung und verschwand dann westwärts – um bereits 1962 wieder zu den wenigen Heimkehrern aus der Bundesrepublik zu gehören.

Wahrlich nicht alle von uns haben ihre früheste Kindheit in umgenutzten Schlössern und Herrenhäusern oder Fabrikantenvillen verbracht. Wir sind eher der Jahrgang, der in den Genuss der in den 50er-Jahren neu erbauten Kinderkrippen und -gärten kam. In denen gab es nicht nur neue Waschbecken und Wasserhähne in der uns gemäßen Höhe, sondern oft auch einen extra für uns Zwerge angebrachten Handlauf parallel zum Treppengeländer für Erwachsene!

Wir haben keine spezifischen Erinnerungen an diese Zeit, außer vielleicht an einen Spruch aus dem seit 1960 laufenden Werbefernsehen „Tinas tausend Tele-Tips", später „tausend tele-tips", das vor und nach dem Sandmann lief. „Windelhose Baby chic, der Firma Solm, ist Mutters Glück!" Die meisten Kinder wurden gegen 8.00 Uhr abgegeben und gegen 16.00 Uhr wieder abgeholt.

Wurden wir krank, kam der Krippenarzt, und unsere Mütter bekamen frei. Regelmäßig wurden wir geimpft, gegen Diphtherie und Wundstarrkrampf, Keuchhusten oder Tuberkulose, an der nach 1945 einige unserer Mütter noch erkrankt waren. Die späteren wichtigen Auffrischungsimpfungen auch gegen Pocken machten uns zwar nicht gerade Freude, verhinderten aber langfristigen Kummer. „Schluckimpfung ist süß, Kinderlähmung ist grausam" – an diesen Westspruch können wir uns noch erinnern – die DDR hatte die Impfung 1960

Gut umsorgt.

Kindergarten-Ausflug, nach 1960.

bereits zwei Jahre früher als die BRD eingeführt. Bis 1974 arbeiteten in den Krippen und Kindergärten Säuglings- und Krankenschwestern, später gab es eine mehrjährige Ausbildung.

Zwischen Versorgungslage, Versorgungslücke und Engpass

Selbst gemachte Buttertorte. Cottbusser Butterkekse. Omas guter Butter-Streuselkuchen. Die geliebten Brötchen mit echter Butter und (Kunst-)Honig zum Frühstück oder mit Salz bestreut zum nachmittäglichen Kaffee. Kaum ein Lebensmittel, ausgenommen Fleisch, schien ein derart nachgefragtes Status- und Wohlstandssymbol für überwundenen Kriegs-und Nachkriegshunger zu sein. Alles in Butter? Trugschluss.

Neben einer Missernte 1960, den Umstellungsproblemen bei der Zwangskollektivierung der Landwirtschaft und der Bauernflucht aus der DDR hatte die Viehsterblichkeit 1961 bei 1,8 Millionen Schweinen und Ferkeln sowie in den Rinderoffenställen bei 210 000 Rindern und Kälbern gelegen – Butter und Milch waren Mangelprodukte. Läden gingen wieder dazu über, zu rationieren und Kundenlisten einzuführen, gerade in Großstädten. „Wertvoll weil vitaminreich" wurde die 1959 eingeführte Werbeaktion für Margarine übertitelt. „Sahna" bestand nur noch zu 60% aus echter Butter und lag preislich etwa 20% günstiger als diese.

Die Kampagne argumentierte zu Recht mit besserer Gesundheit und höherer Lebenskraft, blieb aber in der DDR für immer unerhört. Das Werben mit Überflussprodukten scheinbar zweiter Klasse blieb unglaubwürdig. Zudem wurden in der Neuen Berliner Illustrierten 1960 ganzseitige Farbanzeigen

geschaltet, auf denen alle nichterhältlichen Obstsorten abgebildet waren. Die darin versammelten Vitamine sollten im grau abgebildeten Margarinewürfel enthalten sein. Guten Appetit!

Sortimentslücken Januar bis März 1960

Hülsenfrüchte: Der Bedarf ist nicht voll gedeckt. Frischgemüse: Ungenügende Versorgung (…) Reste an Spätgemüse (Porree, Möhren, Sellerie) (…) mit einer besseren Versorgung ist erst ab Anfang Juni zu rechnen. Frischobst: Zurzeit nicht im Angebot. Südfrüchte: Unzureichende Eingänge. Verkauf zumeist nur in Betriebsverkaufsstellen. Gemüsekonserven: Kein Angebot. Obstkonserven: Kein Sortiment vorhanden, angeboten: Kürbis, Ananas und Pflaumen. Teigwaren: Besonders in Eierteigwaren kann eine bedarfsgerechte Versorgung gegenwärtig nicht erfolgen. Andererseits ist festzustellen, dass die Bevölkerung ungern bereit ist, Grießware ohne Ei zu kaufen.

Dauerbackwaren: Die Bereitstellung von Zwieback ist immer noch unzureichend. Fisch: Rundfisch (…) Filet (…) Bedarf nicht gedeckt. Räucherware völlig unzureichend. Konserven keine volle Bedarfsdeckung (…). Molkereierzeugnisse: Kondensmilch, Kaffeesahne, Sauermilchgetränke, Bedarfsdeckung z. T. völlig ungenügend. Fettkäse, Magerkäse und Quark nicht ausreichend (…)

Aus: Ina Merkel, Utopie und Bedürfnis. Die Geschichte der Konsumkultur in der DDR, Köln 1999.

Filmspiegel 1958

Unsere Eltern waren Kinogänger, lange bevor wir das Licht der Welt erblickten. Sie wurden von DEFA-Schauspielern begleitet, die auch uns Jahre später noch prägten. Aktuelle Informationen gab ihnen – wie später uns – der „Filmspiegel", eine Zeitschrift, die seit 1954 vierzehntägig erschien und Berichte über neue Filme, Schauspieler, Regisseure und Dreharbeiten sowie Filmkritiken lieferte, nicht frei von politischen Statements Kalter Kriegszeit, in die wir hineingeboren worden waren.

Das inliegende Farbposter eines Schauspielers fand weniger Beachtung, nicht umhin kamen sie jedoch um die vielen Kommentare eines berühmten

Mitgliedes des Redaktionsbeirates, National-preisträger der DDR, der auch uns später aus einem anderen Medium sattsam bekannt werden sollte: aus seiner Sendung „Der schwarze Kanal". Laut Sudel-Ede spielte der DEFA-Film „Gejagt bis zum Morgen" „in einer Zeit, die uns einst von unseren Lehrern und anderen Unbelehrbaren als die ‚gute, alte' gepriesen worden war". Dem DEFA-Kriminalfilm „Tatort Berlin" wurde gleich die richtige Einbindung mitgegeben, denn „Sherlock Holmes haben wir nicht, wollen wir nicht und brauchen wir nicht. Die Akten unserer Volkspolizei und der Staatssicherheitsorgane sind voll prallen, spannenden Lebens".

Filmpremieren 1957/1958

Wer erinnert sich nicht an diesen Fisch?

BRD: Gitarren der Liebe • Die tolle Lola • Schule für Eheglück • Ehe für eine Nacht • Heute heiratet mein Mann • Der Hauptmann von Köpenick • Nichts als Ärger mit der Liebe • Mein Vater, der Schauspieler • Kein Platz für wilde Tiere • Das Mädchen Rosemarie • Ich denke oft an Piroschka.

DDR: Schlösser und Katen • Alter Kahn und junge Liebe • Windrose • Tinko • Rivalen am Steuer • Mazurka der Liebe • Wo Du hin gehst ... • Berlin – Ecke Schönhauser • Spielbankaffäre • Spur in die Nacht • Polonia-Express • Gejagt bis zum Morgen • Vergeßt mir meine Traudel nicht • Tatort Berlin • Emilia Galotti • Sheriff Teddy • Das singende klingende Bäumchen (Abb.) • Der junge Engländer • Die Geschichte des armen Hassan • Der Lotterieschwede • Meine Frau macht Musik • Kapitäne bleiben an Bord • Geschwader Fledermaus • Nur eine Frau • Sie kannten sich alle • Ein Mädchen von 16 ½ • Unternehmen Teutonenschwert • Der Älteste war 13 • Klotz am Bein • Das Lied der Matrosen • Tilman Riemen-schneider • Die Feststellung • Der Prozeß wird vertagt

1. bis 3. Lebensjahr

Sozialistische Namensweihe

Von vielen selbst nicht wahrgenommen, sind einige von uns durch den Akt der sozialistischen Namensweihe getragen worden! Die dazugehörige Urkunde für die Eltern ist verschollen, die Blümchen verwelkt, selbst aus der elterlichen Erinnerung ist dieses Ereignis verschwunden – gäbe es nicht einen schriftlichen Hinweis darauf in den unzähligen privaten Briefen und Karten dieser Zeit.

Statt der Taufe bot die junge DDR damals an, selbst die Funktion einer Kirche in der Gesellschaft einzunehmen – und ersetzte auf dem Weg dorthin religiöses Brauchtum durch atheistisches. Bei unserer weltlichen Begrüßungsfeier auf Erden ging es durchaus vornehm zu. Im Festsaal der Arbeitsstelle eines Elternteils umrahmten Musik, Rezitation und Ansprache das Ereignis und neben einer Urkunde gab es für die Mutter ein Rosensträußchen sowie 50 DM auf ein Sparkassenbuch.

Prominente 58er

Datum	Name	Datum	Name
12. Jan.	Matthias Döschner deutscher Fußballer	8. Juli	Kevin Bacon amerikanischer Schauspieler
5. Feb.	Jennifer-Jason Leigh amerikanische Schauspielerin	15. Juli	Jörg Kachelmann Schweizer Moderator
10. März	Sharon Stone amerikanische Schauspielerin	27. Juli	Margarethe Schreinemakers deutsche Moderatorin
20. März	Holly Hunter amerikanische Schauspielerin	31. Juli	Kate Bush englische Sängerin
21. März	Marlies Göhr deutsche Leichtathletin	16. Aug.	Madonna amerikanische Sängerin
3. April	Alec Baldwin amerikanischer Schauspieler	29. Aug.	Michael Jackson amerikanischer Sänger
21. April	Andie MacDowell amerikanische Schauspielerin	17. Okt.	Alan Jackson amerikanischer Country-Musiker
26. April	Ingolf Lück deutscher Moderator	25. Okt.	Kornelia Ender deutsche Schwimmerin
29. April	Michelle Pfeiffer amerikanische Schauspielerin	4. Nov.	Uwe Bewersdorf deutscher Eiskunstläufer
18. Juni	Gert Postel deutscher Hochstapler	22. Nov.	Jamie Lee Curtis amerikanische Schauspielerin

Kochen à la DDR

Der unvergessene Fernseh-„Fischkoch" Rudolph Kroboth aus dem Ostseestudio Rostock wird uns mit seinem stets verdrießlichen Gesichtsausdruck um die dunklen Augen herum ewig in Erinnerung bleiben, wenn wir uns auch an keines seiner Fischrezepte mehr erinnern können. Später sahen wir „Der Fernsehkoch" gemeinsam mit unseren Eltern. Der aus damaligem Blickwinkel unglaublich alte, mit seinem hohen weißen Kochhut Weihnachtsmannähnlich aussehende Kurt Drummer war der wohl bekannteste Koch der DDR – und seit 1958 regelmäßig auf dem Bildschirm zu sehen. Genauso war es übrigens mit dem „Abendgruß". Der lief im Oktober 1958 das erste Mal, noch ohne das Sandmännchen.

Niemals hätte der Fernsehkoch sich angeschickt, das von ihm selbst gerade Zubereitete verkaufsfördernd und werbewirksam vor der Kamera und unseren Augen zu verzehren – das hatten bei einer Mangelwirtschaft er und seine Gerichte auch nicht nötig, wie wir erst später begriffen. Eigenartigerweise wird er gerade deshalb bei uns eine absolute Glaubwürdigkeit genießen.

Kampagne für gesunde Ernährung.

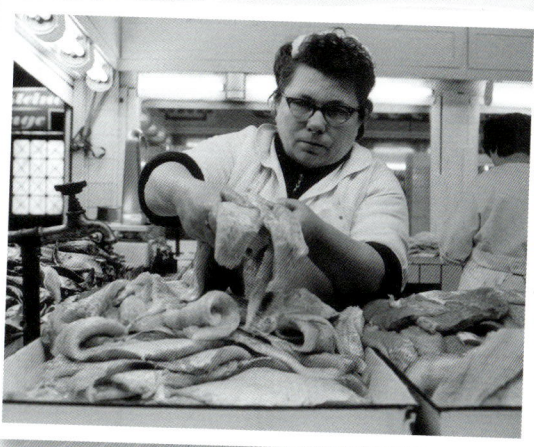

Eine Fischverkäuferin in den Berliner Markthallen in den 60er-Jahren.

1. bis 3. Lebensjahr

Seifenblasen, Moskauer Eis und Zwieback

In einem reizenden Alter

Die frühen 60er waren für uns eine Zeit einfacher Genüsse. Was konnte uns mehr fesseln, als Seifenblasen zu fabrizieren? Was aßen wir lieber als Eiskugeln mit farbigen Plastlöffelchen, auf deren Stielende immer ein anderer Jungen- oder Mädchenname zu lesen war, oder das teurere Moskauer Sahneeis?

Wir waren viel an der frischen Luft, sammelten Eicheln und Kastanien und bastelten mit Schere, Handbohrer, Perlongarn und Plasteline kleine Tiere daraus. Im Winter konnten wir rodeln. Angst hatten wir nur im dunklen Wald, wo die Eulen wohnen und uns mit ihren Flügeln streifen könnten. Tagsüber entdeckten wir dort aber viele neue Früchte, die man auslutschen konnte, und Blätter, die wir abzwickten, und eine Rose oder Tulpe war fertig. Wenn hin und wieder nachts um halb drei Uhr die Sirene heulte und wir erschreckten, erzählte die Oma uns,

Glücklich und beschäftigt.

Chronik

11. Januar 1961
Die DDR-Regierung verbietet den Evangelischen Kirchentag.

12. April 1961
Erster bemannter Weltraumflug mit dem Kosmonauten Juri Gagarin im Raumschiff Wostok 1.

12./13. August 1961
Baubeginn der Mauer, die Berlin zerschneidet und künftig in Ost-und Westberlin trennt. In der Folgezeit wird auch die Grenze zwischen der DDR und der BRD abgeriegelt und mit Kontroll-und Sicherheitssystemen nahezu hermetisch abgedichtet.

November 1961
Max Frisch schreibt das Theaterstück „Andorra", das am Zürcher Schauspielhaus uraufgeführt wird.

1. Januar 1962
Der Deutschlandfunk nimmt seinen Sendebetrieb auf.

24. Januar 1962
Einführung der Allgemeinen Wehrpflicht für die 1956 gegründete Volksarmee.

11. September 1962
Die Beatles nehmen ihre erste Single „Love me do" auf.

14. Oktober 1962
Beginn der sogenannten Kubakrise zwischen der Sowjetunion und den USA, die eine Weltkriegsgefahr heraufbeschwört.

1. April 1963
Das Zweite Deutsche Fernsehen (ZDF) geht erstmals auf Sendung, in der DDR folgt der DFF 2 erst 1969 mit der Farbcodierung SECAM.

26. Juni 1963
US-Präsident John F. Kennedy lässt in Berlin vor dem Rathaus Schöneberg seine Rede mit den deutschen Worten: „Ich bin ein Berliner" enden; am 22. November wird er bei einem Attentat getötet.

27. August 1963
Der Wiederaufbau des Dresdner Zwingers ist abgeschlossen.

Dezember 1963
Der Sketch „Dinner for one" wird in Hamburg aufgezeichnet.

dass nun alle Milchmänner geweckt würden, damit wir morgens pünktlich um 7.00 Uhr unsere Milch hätten.

Im Sandkasten spielten wir „Vater, Mutter, Kind", wobei die „Mutter" mit Förmchen aus Blech oder Plast „kochte" und der „Vater" mit dem Roller zur Arbeit fuhr. Auf dem Rummel war das Kettenkarussell der Star, auf der Kleinen Messe waren es die Luftschaukel und die Losbude, auf dem Spielplatz der Elefant aus Beton mit der goldfarbenen Rutsche auf dem langen Rüssel und auf der großen Platzbrache das Kasperletheater.

Lederhose und Gänseblümchen

Die Jungs trugen die immer etwas zu groß gekauften Lederhosen zum mitwachsen, anfangs mit Latz-„Geschirr" zum Festhalten, später

Nichts ging über Rodeln mit Mutters selbst gestrickter Mütze und Schal.

dann ohne, zu Baumwollhemdchen und derben Strickjacken. Wir Mädchen bevorzugten in vielen bunten Ringeln gestrickte Röckchen, weiße Kniestrümpfe und schwarze Lackschühchen, von Oma genähte Latzkleidchen aus lachsfarbenem Leinen, leichte Blüschen aus Kunstseide oder Baumwolle – weil das unsere Mütter so schön fanden. Überall, wo die Blümelein wuchsen, gefiel es uns gut. Wir banden Kränze aus Löwenzahn und Gänseblümchen oder aus rotem und weißem Klee, der duftete, und den wir Mädchen den ganzen Tag auf dem Kopf oder um den Arm geschlungen trugen.

Auf der Straße rollerten die Jungs um das Häuserviereck. Wer die beste Zeit hatte, war der Schnellste und Sieger. Die großen Zugmaschinen Deutz Diesel oder Lanz Bulldog, die noch von privaten Möbelspeditionen oder Kohlehandlungen gefahren wurden, faszinierten uns, genauso wie die Technik und das bewegte Geschehen bei Straßenbauarbeiten und auf Baustellen.

Julikäfer, Schmetterlinge und Heuhopser fangen

Unsere Omas hatten uns ein sauber ausgewaschenes Marmeladenglas mit einem transparenten, breitrandigen Kunststoffdeckel gegeben, in den wir von außen mühelos einige Löcher mit dem Schraubenzieher stoßen konnten. Auf den vielen wildbewachsenen Brachen kriegszerstörter Häuser direkt in der Nachbarschaft fingen wir mit der Hand im fast meterhohen Sommergestrüpp die Grillen, die durch ihr plötzlich einsetzendes oder abbrechendes Zirpen ihren Standort verrieten.

Das war eine sehr, sehr schwierige Sache! Sie durften doch nicht das geringste Rascheln unserer Füße hören! Sprangen sie fort, geschwind wie der Wind, behielt man das auserkorene Exemplar eisern im Blick und pflückte es schließlich vorsichtig vom Boden oder vom Grashalm ab, um das erste von ihnen gleich in die neue Behausung zu stecken. In das Glas hatten wir vorsorglich vorher Sand, Erde, Blütenblätter und -stängel gesteckt. Gestaltete sich das Fangen der flinken Tiere schon schwierig, wurde ihr Einstecken in das sich allmählich füllende Glas immer gefährlicher – konnte beim Anlüpfen des Deckels doch ein ganzer Fang entwischen! Wieder im Zimmer, beobachteten wir am Abend und in den nächsten Tagen neugierig das rege Tummeln von bis zu 34 Heuhopsern im Glas.

Für nur 20 Pfennig in die Luft.

Wir werden wer

Wir liebten unseren Teddy und unsere Puppe. Zu Hause lernten wir Mädchen häkeln und hörten mit den Jungen Märchenplatten wie „Aladins Wunderlampe", sahen uns mit der Mutter im Fernsehen das Erntefestprogramm vom Dorf an und knabberten dabei von dem „süßen Tablett" vor uns. Wir erlaubten uns unsere ersten kleinen Frechheiten und streckten zu jedem Anlass, der sich bot, die Zunge heraus. Da halfen keine Strafen, kein tagelanger Entzug der Kindersendung im Fernseher, der oft erst Mitte der 60er-Jahre in die Wohnung kam, aber bis dahin bei netten Nachbarn hin und wieder geschaut werden durfte. Das mussten wir einfach tun, schließlich wurden wir gerade wer! Dass das Großwerden so langsam vonstatten geht, nervte uns aber tüchtig. Wann endlich konnten wir unseren ersten zweistelligen Geburtstag feiern?

Wir Kleinen spielten für die Kleinen Kasperletheater.

Kein politischer Frühling in Sicht – unsere Eltern letztmalig vor dem Mauerbau bei Verwandten im Westen, Mai 1960.

Die Berliner Mauer

Aus dem privaten Urlaubstagebuch der Eltern aus Königstein in der Sächsischen Schweiz:

„Montag, d. 14.8.1961. Frühstück. Zeitungen. In Berlin Grenzen gesperrt. Wir hoffen, daß alles ruhig ablaufen wird. Tante Frieda hat Vorräte bereitgestellt und bei lauten Geräuschen in der Nacht sorgte sie für ein paar Eimer Trinkwasser, weil die R. doch zuerst Rohre zerschneiden und Wasser vergiften. Unter normalen Urlaubern keine Panik und Flucht zu bemerken.“

Weiter im Text ging es mit Hinweisen, was man an dem Tag noch getan hatte – nach Bad Schandau gefahren, Nudelsuppe gegessen, in Schöna Kaffee getrunken, Abends im Kino gewesen: „Sein erstes Konzert“ (sowjetischer Film). Die Tante habe sich derweil große Sorgen gemacht. Heute erschließt sich die Bedeutung des vor- und umsichtig abgekürzten „R.“ unzweifelhaft. Gemeint waren die Russen, deren nun nichts mehr im Wege stehenden Einmarsch in die DDR und damit latente Kriegsgefahr so mancher Zeitgenosse gefürchtet haben wird. Nicht aus dem Klassenfeind-Westen drohte die Gefahr – man fürchtete sie nun aus dem Osten.

Ältere Geschwister erinnern sich an die starke Spannung in der Kleinstadt vor den Toren Berlins, als sich vor dem Eingang zur Polizeiwache und dem Rathaus bewaffnete Uniformierte postierten und die Oma begann, das Kind beim Einkaufen fester an die Hand zu nehmen und über den Krieg zu reden. Ein Onkel der eigenen Familie, Maurer, wurde zu Aufmauerarbeiten an der Berliner Grenze zwangsverpflichtet. Niemals haben wir selbst etwas von ihm darüber gehört. Ulbricht hatte an dem Tag geäußert, dass das Leben auch weiterhin seinen ruhigen Gang gehen würde. Dabei hatte es allein in den ersten beiden Wochen des Monats August 47 433 DDR-Flüchtlinge gegeben – Informationen, die wir erst nach 1989 erhielten. Wir waren noch zu klein, um die komplexen Vorgänge um uns herum bewusst zu erleben. Mancher von uns wird die Ängste der Erwachsenen aber bereits gespürt haben.

Selbstversorger

Aus dem Brief unseres (Ost-)Berliner Onkels an die Verwandtschaft, September 1963

„... Wir bringen noch die letzten Tage in der Laube zu und ich bin froh, wenn wir wieder in der Wohnung sind. Mit der verdammten Einweckerei hat es dann auch ein Ende. 130 Gläser sind es bis jetzt und 60 Stück würden uns noch fehlen. Eine Menge Obst gab es in diesem Jahr.

Werde aber zum Frühjahr die Laube verkaufen, es ist zu viel Arbeit damit verbunden und wenn nicht alles seine Ordnung hat, habe ich keine Freude daran. Für die Kinder war es ausgezeichnet, man sieht es ihnen an (...) Anbei noch eine Holzmarke. Wir haben reichlich, da wir vom Tischler Reste holen und dieses Jahr nicht so sparsam sein müssen. Vergiß nicht, zu bestellen, sie gelten nur bis Dezember."

Kinder-, Ferien- und Sportspiele

Als Hausfrauen, oft organisiert im „Demokratischen Frauenbund Deutschlands" oder im „Kulturbund", kümmerten sich auch nichtberufstätige Mütter ehrenamtlich und mit hohem Zeiteinsatz bei den sommerlichen Kinderfesten, Sportfesten und Ferienspielen sowohl um die Betreuung aller Schulkinder als auch um die des Wohnbezirks. War das Wetter schlecht, wurde im Pionierhaus für uns Essen gekocht, Kuchen gebacken, Suppe aufgewärmt und ausgegeben. Es wurden Märchen vorgelesen und mit uns nachgespielt, gemeinsam gesungen und Kasperletheater vorgeführt.

Die Sportspiele im Freien wurden aufwendig vorbereitet, wozu auch das rechtzeitige Besorgen Dutzender Rollen von Milchdrops, Bonbons, Buntstiften, Luftballons und kleiner Zellophanbeutel gehörte. Diese Preise erhielten die Sieger von Eierlaufen, Sackhüpfen, Topfschlagen, Seilspringen, bei Hinderniswettspielen

Für uns waren nur Kinderfilme erlaubt, 1963.

wie der Ballstaffel, der Reifenstaffel oder der Handschuhstaffel. Zu dieser banden wir ein Kopftuch um, zogen Handschuhe an und liefen in schweren Skischuhen los. Ein Bild, zum Lachen gedacht. Die Jüngeren von uns spielten Hopse, im Kreis „Faules Ei" oder „Mäuschen-Häuschen" oder „Häschen hüpf" und „Zeigt her eure Füße".

Erstes Ost-West-Familienwiedersehen seit dem Mauerbau, in (Ost-)Berlin, August 1964.

Neukircher Zwieback

Was konnte gegen langwährende Magenschmerzen besser helfen als der in blau-rot bedrucktem Transparentpapier großzügig verpackte Neukircher Zwieback? Der Zwieback musste her, und unsere Mütter begannen danach rumzulaufen, natürlich mit uns an der Hand. Zunächst zum gutversorgten privaten Kaufmann an der Ecke, der bis jetzt immer umtriebig für gefüllte Regale gesorgt hatte. Plötzlich jedoch bestand er auf rationierter Abgabe seiner neuerdings eingeschränkt zugeteilten Ware. Wohl bestehen musste, wollte er als Vollblutkaufmann am Abend auch noch etwas verkaufen. Denn alle verfügbare Ware ginge nun, zentral organisiert und oft an ihm vorbei, in die neue staatliche HO, wie er unseren Müttern verdrossen erklärte.

Diese, vollkommen frei von jedweder Einsicht in die dahinterstehenden sozialistischen Enteignungs-Zusammenhänge und Umverteilungs-Folgen für das Zwiebackunternehmen und den Aufbau eines staatlichen Handels, empörten sich. Sie wurden, mit uns an der Hand, laut im Laden! Sie schimpften auf den eigennützigen Kaufmann! Nur ein Päckchen Zwieback wollte dieser ihnen zuteilen! Sie fühlten sich als Stammkunden persönlich missachtet und betrogen. Wo doch die letzten Lebensmittelmarken und Lebensmittelrationierungen seit 1958 abgeschafft waren! Wo es in staatlicher HO und genossenschaftlichem Konsum doch gerade gar keinen Zwieback gab!

Ähnliche Szenen haben sich auch in den folgenden Jahren DDR-weit in den noch etwa 250 000 privaten Handwerks- und Industriebetrieben sowie privat geführten Geschäften abgespielt. Denn auch dem privaten Handel und Handwerk wurden nun – nach den Bauern – im Zuge der sozialistischen Neugestaltung, an der auch einige unserer Väter und Mütter mitwirkten, die Existenzmöglichkeiten beschnitten oder komplett entzogen.

Ein Schiff wird kommen

Eine ihrer ersten Singleschallplatten zum neuen Plattenspieler kauften sich unsere Eltern 1960 während ihres Verwandtenbesuchs in der Bundesrepublik. Am Wochenende immer wieder aufgelegt, dessen arbeitsfreier Sonnabend seit Mitte der 60er-Jahre schrittweise eingeführt wurde, haben wir noch heute die Melodien und Texte genauestens im Ohr! So beschwor Lale Anderson, eine 1961 noch gesamtdeutsch bekannte Sängerin, auf der A-Seite sehnsuchtsvoll ein Schiff, das kommen und ihr den Einen bringen würde – und konnte damit erneut einen großen, europaweit berühmten Hit landen. Denn die hinreißende Stimme kannten und liebten einige unserer Väter noch von deren 1939 erschienenem Song „Lili Marleen", der 1941 vom deutschen Soldatensender in Belgrad erstmals ausgestrahlt worden war und dann immer wieder.

Dass der DDR-Komiker Eberhard Cohrs Ende 1961 im „Amiga-Cocktail" – einer von unseren Eltern gehörten Sendung – vor dem Hintergrund der aktuellen Kaffeekrise und anderer dramatischer Versorgungsprobleme der DDR diese gerade anhand Andersons' Stimme kleinwitzelte und „Ein Schiff wird kommen" als „Kaffeeschlager" glossierte, fanden unsere Eltern äußerst unangebracht. Auch ein gewisser Willy Fritsch hatte 1939 dieselbe Lili Marleen besungen – wir

Aus unserem Bummi.

selbst würden ihn erst später in „Willy Schwabes Rumpelkammer" in Auszügen aus alten Filmen kennenlernen.

Über die B-Seite kringelten wir Kinder uns vor Lachen immer wieder – warfen da doch unsere am Amazonas wohnenden Ahnen mit Bananen.

Florena-Luxus-Rasierseife

Der Einkauf mit der Mutter führte uns auch in die privat geführte Drogerie. Dort gab es keinen Zellstoff, kein Toilettenpapier, keine Verbandwatte und keine Kriepa-Taschentücher. Dafür nahmen unsere Mütter klaglos Kinderseife, die große Putzi-Geschenkpackung mit Zahncreme, Mundwasser, Bürste und dem bedruckten blauen Becher für 3,60 DM, Haarwäsche und Reinigungsmittel, kauften zwei Tütchen mit hauchzarten feinen Haarnetzen von „Perligran" und Haarklemmen in der passenden Farbe für die eigene Mutter sowie Gesichts-kosmetik der in Dresden produzierten Heilkräuterpalette von Charlotte Meent-zen für sich selbst. Ein neuer ké Desodorantstift für 1,70 DM gegen lästigen Körpergeruch und Florena-Luxus-Rasierseife für die Nassrasur des Ehemanns wurden vorsorglich gleich mitgekauft.

Unsere Mütter wurden unruhig, wenn der Haupteinkauf beim Fleischer und im Lebensmittelladen noch vor uns lag, und die Zeit zum Mittagessenkochen heranrückte. Teilte sich die Schlange an den beiden Verkaufstheken des großen Konsum-Fleischerladens und ringelte sich mehrfach zusammen, würde es lange dauern. Die Mütter ließen uns dann dort stehen und hießen uns, langsam mitzuwandern, gingen selbst in das benachbarte Konsum-Lebensmit-telgeschäft und besorgten hier die Einkäufe.

Toll war, wenn es unseren geliebten tiefschwarzen und zähflüssigen Sirup gab, den wir auf saurem Frischquark oder einfach nur auf Butterbrötchen besonders mochten. Wirkliche Bedürfnisse beim Essen entwickelten wir wohl damals nicht, praktischerweise eher ihre Verleugnung. Zurück, lobte uns Mutter für die stillschweigend ertragene Ausdauer.

Wo gibt's was Frisches?

Unsere Einkaufsrunde begann im Gemüsegeschäft Reichelt. Unsere Mütter stellten sich nach einem prüfenden Blick im Ladeninneren hinten an und ließen sich, endlich an die Reihe gekommen, den Einkauf in ihre mitgebrachten Netze packen und zurücklegen, um die schmutzigen und schweren Sachen nicht die ganze Zeit mit sich herumschleppen zu müssen. Auch wollten sie mit uns heute zum – vielleicht frisch belieferten? – fliegenden Obststand am Freiheitsdenkmal, das auf der anderen Straßenseite an 1813/1815 erinnerte.

Es wäre nicht lustig gewesen, wenn mal wieder unser Vordermann die letzten Kirschen ergattert hätte und wir mal wieder nicht. Im benachbarten Laufmaschen-Reparaturgeschäft wurden drei Paar Dederonstrumpfhosen (umgangssprachlich: Perlon-oder Nylonstrumpfhose) abgegeben, damit das kleine Loch geschlossen und die schmale Laufmasche aufgenommen werden konnte, denn neue kosteten fast 20 DM und hatten den Stellenwert eines kostbaren Weihnachtsgeschenkes.

Kleine große Gesundmacher statt frischer Vitamine.

Jetzt wird's festlich

Noch nicht ganz festkreissicher, vermuteten wir jedes Jahr im November, dass Ostern vor der Tür stehen müsse – die Nestchen-Versteckerei hatte uns sehr beeindruckt. Doch es hat Kokosraspeln gegeben – und würde tagsüber genügend Gasdruck da sein, dass Mutter nicht die halbe Nacht backen musste, gab es Makronen. Also war es wohl doch der Weihnachtsmann, der auf uns wartete. Jedes Jahr zur Bescherung hörten wir dieselbe schöne Langspielplatte von Eterna mit 33 Umdrehungen pro Minute – deutsche, österreichische und sizilianische „Weihnachtslieder" aus ursprünglich liturgischem Gebrauch, vereinfacht und neu gesetzt, zur Volksweise oder zum Volkslied geworden, mit dem Großen Rundfunkchor Leipzig und dem Kinderchor des Berliner Rundfunks.

Im Vorfeld des Festes hatten die Eltern darauf geachtet, dass wir an alle Verwandten, auch an die uns völlig unbekannten, Kindergrüße sendeten und

vom zurückliegenden Jahr berichteten. In einer telefonarmen Gesellschaft war der Brief fester Bestandteil jedweder Kommunikation auch bereits von uns Kleinen.

Frühe 60er in Eberswalde – das „Kaufhaus des Friedens" fehlte in keiner Kleinstadt.

Mit Oma einkaufen in der Kleinstadt

Landnahe gelegen, funktionierten hier noch die Wochenmärkte, auf denen man frische Kräuter und Blumen bekam – große Sträuße bunter Löwenmäulchen oder Levkojen für den runden Marmortisch am Fenster.

   In die etwas entfernt liegenden Obst-und Gemüsehandlungen liefen wir gemeinsam, um uns umsichtig zehn Meter vor der Ladentür zu trennen – kein Kunde und keine Verkäuferin durfte schließlich sehen, dass wir zusammengehören! Als „Fremde" standen wir hintereinander in der Schlange und konnten dadurch das Doppelte der begrenzt abgegebenen Mengen an Frischobst oder Gemüse ergattern! Im Konsum mit den drei Stufen an der Ecke dagegen sah es schlecht aus, als einander fremdes Doppel weiterzukommen. Denn was gab es früher, das Huhn oder das Ei? Früher gab es beides.

   Die Großeltern fanden die neuen Geldscheine zu groß – den dunkelroten

Die Plast-Einkaufstasche war sicherheitshalber immer dabei.

20-Mark-Schein mit Goethe und dem Weimarer Nationaltheater darauf sowie den dunkelgrünen 50-Mark-Schein mit Friedrich Engels und einem wogenden Getreidefeld. Den dunkelblauen 100-Mark-Schein mit Karl-Marx auf der Vorder- und dem Brandenburger Tor ohne Berliner Mauer auf der Rückseite bekamen sie bei ihrer geringfügigen Rente möglicherweise nie zu Gesicht. Gab es die ersten Erdbeeren, waren wir ganz aus dem Häuschen über so etwas Schönes. Und gab es bei Schoder sogar Pflaumen, war das eine briefliche Mitteilung an die gesamte Verwandtschaft wert!

„platsch-quatsch" und „nak-nak"

Praktisches Kleckerlätzchen.

Pittiplatschs krächzendes, komisch-unglücklich hervorgebrachtes „ach du meine Nase", gesprochen und als Figur geführt von Heinz Schröder, werden wir ganz sicher lebenslang im Ohr behalten. Der kesse Kobold, ins Leben gerufen von der Bildhauerin Emma-Maria Lange und wie die Ente Schnatterinchen erfunden von der Schriftstellerin Ingeborg Feustel, war immer ein wenig renitent und legte sich mit fast jedem an. Aber er war auch konsequent bis zur Einsicht der eigenen Fehler, die er am Ende stets etwas kleinlaut zugab.

Das brave Schnatterinchen, gespro-chen und geführt von Friedgard Kurze, immer fürsorglich, lieb und stets im Recht, eignete sich hingegen nicht so gut als Identifikationsfigur für uns Kleine. Wir hatten sie aber gern, wie auch den immer netten Hund Struppi aus Berlin, den wir schon aus der Serie „Flax und Krümel" kannten und der dann später bei „Thad-deus Punkt", dem immer fröhlichen Schnellzeichner, einzog. Überhaupt – gemeinsam mit Bummi, dem schüchter-nen kleinen Bär aus Meister Nadelöhrs Schneiderstube, schien uns am Sonntag-

nachmittag „Zu Besuch im Märchenland" dieses Trio der 60er-Jahre nie so auf-dringlich, Vorbild sein zu wollen. Niemals fühlten wir uns darauf hingewiesen, es ihnen nachzutun oder es ihnen gerade nicht nachzutun.

Die Figuren aus dem Märchenwald, zu denen auch der Papagei Feffi Kunterbunt, Herr Fuchs, Frau Elster, Herr Uhu und Frau Igel mit Borstel zählten, schienen uns glaubwürdig. Weil ihnen so vieles passierte, was sie fast immer aus eigener Überlegung, eigenem Witz und eigener Kraft lösen konnten. In den 70er-Jahren änderte sich die originale Zusammenset-zung, Hund Moppi kam dazu und unser lieber Bummi wurde durch seinen Moskauer Vetter Mischka ersetzt – aber da waren wir längst dem schwarz-weißen Kinderfernsehen der DDR entwachsen.

4. bis 6. Lebensjahr

Puffreis,
Blockmalz und
Kokosflocken

„E" wie Erdbeere

Lange gelockt mit dem
Versprechen, als Schulkind
zu den großen Kindern zu
gehören, freuten wir uns
sehr auf unseren ersten
Schultag. Die jüngeren Geschwister
unseres Nachbarjungen erhielten zum Trost dafür, dass sie noch warten
mussten, eine kleine Schultüte geschenkt. An die Außentür unseres Klassen-
zimmers war ein großer Zettel mit einer aufgemalten Frucht angebracht –
dabei stand die Ananas für „a", die Birne für „b" oder die Erdbeere für „e".
So konnten wir immer das richtige Zimmer und tatsächlich unsere eigene

Chronik

12. Juni 1964
Freundschaftsvertrag zwischen der Sowjetunion und der DDR, Garantie bestehender Grenzen.

9. September/2. November 1964
Eine Passierscheinregelung ermöglicht Rentnern aus der DDR, jährlich für max. 4 Wochen Verwandte in der BRD und Westberlin zu besuchen.

1. Dezember 1964
Einführung des Mindest-Umtauschsatzes für Besucher aus der BRD und Westberlin in der DDR.

25. September 1965
800 Jahre Leipziger Messe.

Dezember 1965
11. ZK-Plenum der SED mit verheerenden Folgen für die Autoren problemhaltiger Filme und Bücher in der DDR, die das Spannungsfeld zwischen sozialistischer Utopie und DDR-Wirklichkeit thematisierten.

22. Dezember 1965
Der Film „Doktor Schiwago" wird in New York uraufgeführt; Gründung des 1. FC Magdeburg.

22. Februar 1966
In Oberhof findet die 1. Kinder-und Jugendspartakiade der DDR in den Wintersportarten statt.

12. Mai 1966
In Uetze stellt die Deutsche Bundespost den Betrieb der letzten Handvermittlungsstelle für innerdeutsche Gespräche ein.

6. Juli 1966
Die „Ulbricht-Doktrin" besagt, dass es keine Normalisierung im Umgang mit der BRD ohne Anerkennung der DDR geben wird.

3. Mai 1967
Ein Mindesturlaub von 15 Tagen wird in der DDR festgelegt.

5. Juni 1967
Über der Demokratischen Republik Vietnam wird das 2000. Flugzeug der USA abgeschossen; der Boxer Muhammad Ali verweigert den Kriegsdienst in Vietnam.

In der vierten Klasse 1967.

Klasse wiederfinden, ohne versehentlich in eine der vielen Parallelklassen zu geraten.

Gleich zu Schulbeginn wurden wir pro Bankreihe in zwei Brigaden eingeteilt und vom Klassenlehrer sechs dazugehörige Brigadeleiter ernannt. Die Wahl eines Gruppenrates durch die Klassenkameraden stand erst Jahre später auf dem Programm. Dieses System nahm uns in der Verantwortung sich selbst und anderen gegenüber schon sehr früh in die Pflicht!

Bereits vor Beginn der verschiedenen Unterrichtsfächer hatten die Brigadeleiter ihre meist fünf Brigademitglieder auf Anwesenheit, saubere Fingernägel, vollständige Vorlage der Schreibhefte, Bücher und Hausaufgaben zu kontrollieren und blieben nach der morgendlichen Begrüßung des Lehrers durch die Klasse stehen, während sich alle Klassenkameraden

schon setzten. Dann wurde mit der flachen Hand am Scheitel der Pioniergruß entrichtet und gemeldet, dass die jeweilige Brigade zum Unterricht bereit sei – und die einzelnen Versäumnisse namentlich aufgelistet. In den Pausen sprachen sich die Brigadeleiter ab und koordinierten weitere Aufgaben, die der Klasse zugute kamen – wie die Einteilung derjenigen, die das wöchentlich fällig werdende Milchgeld einsammelten und abrechneten sowie die Organisation der Tafeldienste, die vor Unterrichtsanfang (und während der Stunde) für eine saubere Tafel und weiße sowie farbige Kreide zu sorgen hatten. Auch Blumen-Gießdienste wurden eingeteilt. Nachhaltig wurden wir auf unser später ähnlich organisiertes Arbeitsleben vorbereitet – nach dem russischen Brigademodell.

Kindertag mit Elly Winter (3. v. r.), der Tochter des 1. Präsidenten der DDR, Wilhelm Pieck, 1965.

Bären pflüken

Wir lernten schreiben. Unsere ersten Ferienbriefe an die Eltern werden diese voll Stolz und zugleich Grusel gelesen haben. Wir warteten „eilich" auf Post, buken „Kesetorte", liebten Omas „mitag", das uns sehr gut „schmekte", waren traurig über die „lehre" Wohnung, den „fergesenen Rok" und die „fergesene Schtrikjake". Immerhin konnten wir das Wort „Apfelsine" schon richtig schreiben. Wir lernten auch singen, das Lied von der kleinen weißen Friedenstaube haben wir sehr gemocht.

Wir lernten auch lesen. Wir kannten bereits den „Bummi", die Zeitschrift für Vorschulkinder. Die Jungpionierfreundin Zöpfchen hatte uns darin auf das Pionierleben vorbereitet. Schon wir Kleinsten wussten also, wie wichtig die Nationale Volksarmee, die Volkspolizei (… der Volkspolizist, der es gut mit mir meint, der führt mich hinüber, er ist unser Freund …), die Freundschaft zur Sowjetunion und die Solidarität mit Vietnam ist. Nun liebten wir auch die

„ABC-Zeitung", die rare „Frösi" mit ihren oft lustigen Geschichten und Bastelbeilagen. „Technicus" war etwas für die Jungen, während „Atze", „Fix und Fax" und vor allem das „Mosaik" zu unser aller erklärten Lieblingen wurden. Die „Trommel", das Zentralorgan der Pionierorganisation, wurde selbst von den Leseratten in der Schule nur selten gern gelesen. Die darin durchaus spannend beschriebene, abenteuerliche Pionierarbeit schien zunehmend immer irgendwo anders stattzufinden.

Bei der Oma haben wir das „Neue Testament" entdeckt und lernten während unserer Sommerferien ganz aus freiem Willen das „Vaterunser" auswendig, allein deshalb, weil wir die Worte so bildhaft und schön gesetzt empfanden – was für eine Sprache!

Zum Geburtstag der DDR sangen und tanzten wir ein russisches Volkslied, 7.10.1966.

Durchatmen

Sommerferien! Winterferien! Wochen, die unendlich lang schienen und uns loslösten von jedwedem Zeitgefühl und jedweder Pflicht. 1966 verband nur jeder dritte DDR-Bürger seinen Urlaub mit einer Ferienreise. Unsere Eltern machten vorerst noch Ferien von uns Kindern und fuhren ins FDGB-Ferienheim zum Wandern in den Harz oder in die schöne Sächsische Schweiz, nachdem die Mütter uns per D-Zug bei den entfernt lebenden Großeltern abgeliefert hatten. Wir machten jedes Jahr in derselben dörflichen Kleinstadt Sommerferien, oder in einem gebirgigen Nest Winterferien und taten all das, was wir in der Großstadt nicht durften und nicht tun konnten – wir waren ständig draußen.

Pünktlich mussten wir uns zum reichlichen Mittagessen mit Nachtisch und anschließendem Mittagsschlaf wieder einstellen, sollten uns die Omas doch aufpäppeln! Hatten wir nicht mindestens drei Kilo mehr auf den Rippen, meinten unsere Eltern, dass wir es nicht gut gehabt hätten. So wollten wir also nach jedem Mittagessen am liebsten vom Stuhl fallen und platzen.

Alle Kinder hatten zur gleichen Zeit Schulferien, sodass man jedes Jahr seine Freunde wiedertreffen konnte. Immer fanden sich mehrere Kinder ein, mit denen man an der ungestrichenen rohen Eisenstange am Schaufenster des Tabakwarenladens rumturnen konnte und hinterher verwundert an den nach blankem Eisen riechenden feuchten Händen roch. Das Rennen über die Straße

Keine Kinderarbeit.

32

Erster Ostsee-Urlaub in Farbe, 1964.

war ungefährlich, da es nur wenige private Autos gab, erst 5% der Haushalte verfügte über den einheimisch produzierten Trabant oder den Wartburg. Nur selten sah man einen zweifarbigen Wartburg mit der weichen 60er-Jahre-Linie, auf den zehn Jahre gewartet werden musste.

Eher musste man sich vor den Bierlastern vorsehen, die die vielen Eckkneipen belieferten. Die konnte man jedoch auf dem gebuckelten Kopfsteinpflaster rechtzeitig hören, da die Fässer auf dem offenen Hänger aneinanderstießen. Vor dem auf dem Kutschbock sitzenden Lumpenmann mit seinem vor den großen hölzernen Wagen gespannten Pferd, der regelmäßig Altpapier, Zeitungen, Gläser und Lumpen einsammelte und verkaufte, haben wir uns immer etwas gefürchtet. Der würde uns sicher über den Haufen fahren. Was er natürlich nie tat.

Einfach nur Freizeit

Endlich Kniestrümpfe anziehen dürfen! Baden gehen! Blaubeeren sammeln mit den Omas in dichten Wäldern, und die Beerensuppe am nächsten Tag rund um den aus der kleinen Tasse gestürzten Griespudding auslöffeln! Kaulquappen fischen aus dem Tümpel des verwilderten Nachbargrundstücks! In den Tierpark gehen! Auf dem Gemüse- und Blumenmarkt einkaufen und zwei Bündel duftenden frischen Majorans nehmen für den köstlichen Bohneneintopf, den es am gleichen Tag geben würde! Mit den Omas Lindenblüten von den Parkbäumen pflücken – wusste man doch, dass aus den getrockneten Blüten im Winter der Tee gemacht wurde! Noch jedes Endchen Leberwurst wurde von ihnen verwertet, selbst das, was eine Zeit lang schrecklich nach Fisch roch – weil mit Zusatz von gekräutertem Sprottenmehl experimentiert wurde.

Auf dem Gelände des Wanderzirkus Proscho, der jedes Jahr für wenige Tage sein großes Zelt auf den Platzbrachen aufschlug, dem flirrenden Treiben und Glimmer des Aufbaus und der Proben zuschauen, Hunde und Pferde streicheln und abends im Bett fasziniert der lauten Kapellenmusik lauschen, die aus der Spätvorstellung vom Platz herüberstrich.

Drachensteigen im Spätsommer.

„Flüchtlinge und Vertriebene

Etwa drei Millionen Flüchtlinge aus dem Osten siedelten sich auf dem Territorium der DDR an. In vielen Fällen unseres Jahrgangs gehörten dazu Eltern, Großeltern, Tanten und Onkel, sofern diese den Zweiten Weltkrieg, die russische Kriegsgefangenschaft, die Vertreibung und das Auffanglager überlebt hatten und auf anhaltender Flucht vor „dem" Russen nicht gleich in die westlichen Besatzungszonen weiterzogen.

Städtenamen wie Danzig, Breslau, Waldenburg, Stargard und Königsberg, Begriffe wie Schlesien oder Ostpreußen sind uns noch aus Familienerzählungen bekannt und blieben uns unbekannt, lagen die Städte doch inzwischen auf dem Territorium der VR Polen oder der UdSSR. In der Schule erfuhren wir von diesen Umsiedlungen nichts.

Viele unserer engsten Verwandten sind jedoch mehrfach und unfreiwillig Entwurzelte gewesen, stammten oft aus gut situierten Lebensverhältnissen und würden die Sehnsucht nach ihrer verlorenen Heimat lebenslang mit sich herumtragen. Freunde unserer Großeltern, alte Leutchen, die auch wir Kinder inzwischen kannten, waren Mitte der 60er-Jahre plötzlich und unerwartet verschwunden. Sie hatten sich das Leben genommen, was seinen Grund auch in ihrer Entwurzelung, ihren schlechten Lebens-und Wohnverhältnissen in der DDR und ihrem Gefühl endgültigen Ausgeliefert-Seins an „den" Russen gehabt haben wird.

Die oft auf der Flucht verlorenen Ausweis-und Arbeitspapiere konnten nie ersetzt, Rentenansprüche nie nachgewiesen werden. Ihr erster Rentenbescheid mit 60 Jahren (1956) war eine

Katastrophe. Auch wenn später der Rentenanspruch der Großeltern grundsätzlich akzeptiert wurde – 1964 erhielt die Oma 129,- DM Rente – der Opa war tot.

Überleben hätten viele Großeltern auch damit nicht können, selbst wenn die Miete „nur" 20 DM und die Kirchensteuer „nur" 4,20 DM betrug. Ihr Überleben funktionierte oft nur durch finanzielle Unterstützung ihrer Kinder, größtmögliche Sparsamkeit, Verzicht oder anstrengende Näharbeiten an der heimischen Singer-Maschine.

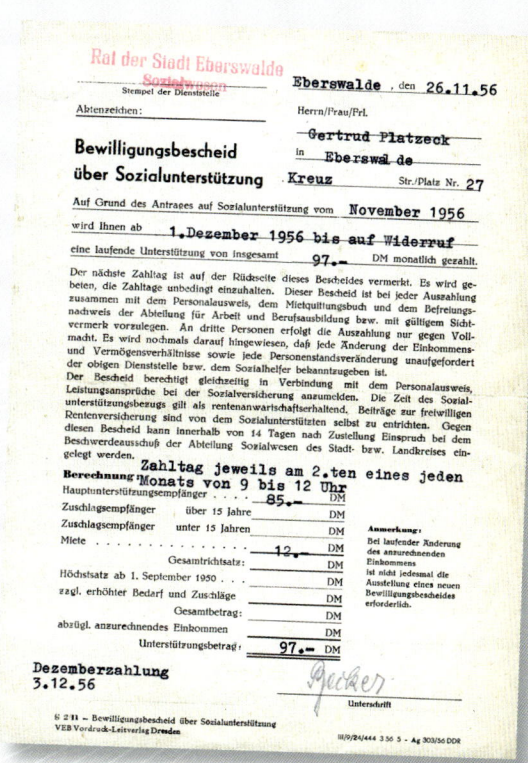

Keine Rente trotz lebenslanger Arbeit.

Kuss kommt später ...

Flogen die tausend rosaroten Pfeile Amors, gesungen von Caterina Valente, nun durch die graue oder durch die blaue Nacht? Darüber ließ sich herrlich streiten mit dem oder der Auserwählten, die man „leiden" konnte – in den Pausen und in Fortsetzungen schriftlich während des langweiligen Russischunterrichts auf kleinen Zettelchen, die man sich zuschnipste. Übrigens – die mancherorts bereits im Unterrichtskabinett gesehenen Sprachsendungen „Russisch für Sie" konnten nie gegen „English for you" bestehen. Die Moderatorin Diana Loeser und Tom und Peggy brachten ihre spannendere Sprache einfach besser rüber! Zu unseren Spitzensendungen würde Lektion 7, „The trumpet" gehören – Louis Armstrong aus dem Friedrichstadtpalast in Berlin! Nie also konnte die Frage der Nachtfarbe geklärt werden. Es fehlte an eigenen Tonbändern und Platten, nur zufällig hörten wir den Song im weltoffenen Radio und verstanden beim rasanten Mitschreiben der Texte nicht alles und so manches falsch oder gar nicht.

Auch Mützenschlachten nach Unterrichtsende wirkten äußerst klärend zwischen den Geschlechtern. Selbstverständlich riss man nur dem oder der Angebeteten die Mütze vom Kopf und nahm schleunigst Reißaus. Diese Liebesbeweise wurden von allen verstanden, auch vom Betroffenen selbst ... Vorsichtiges Annähern an das Objekt seiner

Schulfasching – und der Teufel mit den 3 goldenen Haaren.

Wünsche oder das Suchen von gemeinsamen Gesprächen waren kaum erfolgversprechend und führten zu ersten ernsten Selbstzweifeln.

Unseren vorpubertären Kräftevergleich trugen wir auch auf anderen Feldern aus. Wir rannten auf den vom Kopfsteinpflaster befreiten, frisch asphaltierten glatten Straßen um die Wette, rempelten uns auf den Gängen des Schulhauses an und prügelten uns in den Klassenzimmern durchaus schmerzhaft miteinander, um auf dem nächsten Zettelchen erneut um ein „Pasbilt" gebeten zu werden.

Große Trauer! Unser UKW-Standard-Röhrensuper „Dominante" muss in Reparatur! Tagebuchzeichnung, „hingeworfen" von der Mutter.

DSS 935

Unsere Welle! Während wir am Wohnzimmertisch unsere Hausaufgaben erledigten, entdeckten wir den Sender auf dem elterlichen UKW-Standard-Röhrensuper „Dominante" aus den 50er-Jahren eher zufällig. Zweimal fünf rhythmische Schläge hatten uns aufhorchen lassen, dann sprach eine tiefe Männerstimme: „Sie hören den Deutschen Soldatensender. Wir senden täglich: 6 Uhr 15, 12 Uhr 30, 18 Uhr, 20 Uhr 15 und 23 Uhr 30 auf Mittelwelle 935 Kiloherz ..."

Wir lernten ihn lieben. Nachrichten und die vielen Grüße waren langweilig, aber die tolle Musik! Hören und Mitsingen waren pure Emotion! Hier hörten wir sie alle das erste Mal, die musikalischen Weltstars und Sternchen der 50er- und 60er-Jahre – ohne „störendes" Fiepen und Rauschen, ohne permanent an- und abschwellende Lautstärkeschwankungen – eben nicht so wie bei den „Großen 8" auf dem Kurzwellensender Radio Luxemburg! Wir entdeckten das „Schlagerderby" auf dem Deutschlandfunk und konsumierten nebenher konfliktlos unsere ersten DDR-Radiosendungen – auch die von Heinz Quermann seit 1958 moderierte „Schlagerrevue". Bärbel Wachholz, Lutz Jahoda, Julia Axen und Helga Brauer gehören zu den frühesten uns bekannten DDR-Schlagersängern, Frank Schöbels „Looky, Looky" von 1964 zu den frühesten musikalischen DDR-Erinnerungen.

7. bis 10. Lebensjahr

Poesie, 1. Mai
und erste Liebe

Im Ferienlager – verschönern mit Wimpeln.

Goethe, Gorki und Co.

Eine andere Variante zwischengeschlecht-
licher und sozialer Verständigung bahnte
sich im Literarischen an, nämlich in unserem Poesiealbum. Das Poesie [sprich:
Pösi] begleitete fast alle Mädchen und
einige Jungen überallhin, selbst ins
sommerliche Ferienlager. Nicht jedem
wurde es zwecks Eintrag eines Sinnspru-
ches vertrauensvoll in die Hand gedrückt! Durchaus
aber allen Lehrern, Verwandten und Klassenkameraden. Mal mehr und mal
weniger in Zitaten schockgefroren, kamen uns da die verschiedensten Typen

Im Ferienlager – Abschlussfeier mit Berlinbezug.

Chronik

9. April 1968
Die Verfassung der DDR tritt in Kraft, in der der Führungsanspruch der SED festge-schrieben wird. Die DDR ist ein „sozialisti-scher Staat deutscher Nation", seit 1974 findet der Terminus „deutscher Nation" keine Erwähnung mehr.

30. Mai 1968
Die Universitätskirche in Leipzig wird gesprengt.

20. August 1968
Einmarsch der Truppen des Warschauer Pakts in Prag und der Tschechoslowakei, was das Ende des „Prager Frühlings" bedeutet.

1. Januar 1969
Die Visumpflicht für den innerdeutschen Reiseverkehr tritt in Kraft.

20. Juli 1969
US-Astronaut Neil Armstrong betritt als erster Mensch den Mond.

28. September 1969
In der BRD wird Willy Brandt Bundeskanz-ler der sozialliberalen Koalition.

18./19. März 1970
Willy Brandt reist nach Erfurt zum Treffen mit DDR-Ministerpräsident Willi Stoph, zum ersten deutschdeutschen Gipfeltreffen.

Dezember 1970
Einbau von Selbstschussanlagen auf der DDR-Seite der innerdeutschen Grenze.

Dezember 1970
Arbeiteraufstand in der VR Polen.

3. Mai 1971
Ablösung Walter Ulbrichts durch Erich Honecker. Auf dem VIII. Parteitag der SED im Juni verkündet Honecker die „Einheit von Wirtschafts-und Sozialpolitik".

27. Juni 1971
Im Fernsehen läuft die erste Folge von Polizeiruf 110.

17. Dezember 1971
Transitabkommen zwischen der DDR und der BRD.

vorwiegend deutscher Klassik entge-gen. „Gesell Dich einem Bessern zu, daß mit ihm Deine Kräfte ringen! Wer selbst nicht weiter ist als Du, der kann Dich auch nicht weiterbringen", wurde uns die Aussage des Dichters Friedrich Rückert bereits 1969 auf den weiteren Lebensweg mitgegeben.

Diese Ansammlung mehr oder weniger persönlichkeitsbezogener Sprüche hatte einen hohen Stellenwert, wozu auch die vielen eingeklebten Stammbuchbilder sowie aktuelle Passbilder, vor allem aber die „Stam-mis" und „Glitzis", beitrugen. An deren Seltenheits-und Ausstattungswert konnten wir den momentanen Zunei-gungsgrad des Gebers ausloten. Das Poesie wurde, neugierig oder heiß ersehnt, immer schnell von uns zurück-erwartet.

Aus unserer Kinder- und Jugendbücherei

Wer von uns kennt nicht den kleinen Trompeter Fritz Weineck, dessen jungem Kommunistenleben eine Kugel des Klassenfeindes ein verbrecherisches Ende setzte? Wir erinnern uns auch an die Verfilmung – und doch steht dieser Name nur stellvertretend für eine unglaubliche Bandbreite von Kinder- und Jugendliteratur in der DDR. Zu unseren Lieblingskinderbüchern (und -filmen) gehörten von Erich Kästner „Das doppelte Lottchen" sowie „Emil und die Detektive", von Hans Fallada „Geschichten aus der Murkelei" und „Fridolin, der freche Dachs" oder von Benno Pludra „Die Reise nach Sundevit" und „Lütt Matten und die weiße Muschel". Von Peter Brock „Der kleine Kuno" und von Harriet E. Beecher Stowe „Onkel Toms Hütte" sowie Alexander Wolkows zauberhafte Erzählung „Der Zauberer der Smaragdenstadt" oder „Tinko" von Erwin Strittmatter.

In den verschiedenen DDR-Editionsreihen wie „Robinsons Billige Bücher", „Knabes Jugendbücherei", „Die Kleinen Trompeterbücher" oder „Alex Taschenbücher" erschienen Kinderbücher wie „Der fliegende Koffer", „Timur und sein Trupp" oder „Tschuk und Gek" von Arkadi Gaidar, „Androklus und der Löwe" von Franz Fühmann. Das kluge italienische Büchlein „Zwiebelchen" von Gianni Rodari liebten viele von uns – eine anschauliche Geschichte von Zwiebelchen und seinen Freunden Radieschen, Kirschlein, Benno Birne, Herrn Gurkenkürbis, Rübchen und all den anderen, die mutig gegen Ungerechtigkeit und Grausamkeit, gegen das Angeber- und Herrschergemüse kämpften.

Zwiebelchen war unser Robin Hood der Gemüsewelt! Ein farbiges und eindrucksvolles Bild aus dem Leben an der ecuadorianischen Küste vermittelte „Im Schatten des Chimborazo" von José Maria Rocafuerte.

Aus späteren Jahren erinnern wir uns an Max Zimmerings „Die Jagd nach dem Stiefel", Karl Neumanns „Das Mädchen hieß

Gesine" oder an Vera und Klaus Küchenmeisters „Sie nannten ihn Amigo", auch lasen die meisten von uns 1974 in der Schule von Erik Neutsch „Spur der Steine". Abenteuerliche historische Geschichten erzählten uns Willi Meinck, Ludwig Renn, Kurt David und Liselotte Welskopf-Henrich. Zu den Klassikern gehörte Ilse und Vilmos Korns „Mohr und die Raben von London" und der Titel „Erinnerungen an meinen Vater" der Tochter Ernst Thälmanns, Irma Gabel-Thälmann.

Unsere Weltanschauung

Der Schritt aus der Menge heraus ganz nach vorn, in die Situation hinein, für die wir unsere Blumen niederlegen durften, war erhebend. Die Freude und der Stolz darüber, mit solch einer hohen Verantwortung im Vordergrund stehen zu dürfen, wurde nur getrübt von der Aufregung und Angst, etwas falsch zu machen oder etwas von unserem Spruch zu vergessen. Denn die Blicke der vielen und die Aufmerksamkeit aller, derer wir uns in solcher Position sicher sein konnten, hatten auch etwas Einschüchterndes.

Dennoch – in diesem Moment repräsentierten wir in unserer Pionierkleidung, die guten Gedanken und guten Hoffnungen vieler, auch solcher, die lange vor uns für ein besseres Leben gestritten hatten und dafür ihr Leben geben mussten. Daran sich zu erinnern und das zu ehren, das konnte nur richtig sein! So etwas taten schließlich nur die, die im Leben auf der richtigen Seite stehen wollten, wie wir im kindlichen Glauben überzeugt waren.

Pionier, Pionierleiter und Freundschaftsrat ehren gefallene Sowjetsoldaten.

Geschenksendung – keine Handelsware

Mindestens zu Geburtstagen und Weihnachten tauchte es auf: das Westpaket. Es roch schon vor dem Öffnen immer gut nach Parfüm oder Seife – auch wenn von beiden nichts darinnen war. Im Kindergartenalter war es Herkunftsort plötzlich auftauchender Spielsachen wie Spielzeugdampfer aus Kunststoff, die von uns noch in keinem Spielwarengeschäft gesichtet worden waren. Neben einer größeren Menge an Süßigkeiten, Kaffee und anderen Genussmitteln für die verschiedenen Bedarfsgruppen der Familie enthielt das Paket liebevoll ausgewählte modische Kleidungsstücke, mit denen man in unserer Mangelgesellschaft Aufsehen, manchmal auch Neid erregte. Kam es vor, dass ein Artikel partout nicht benötigt wurde oder nicht passte, fanden sich mühelos dankbare Abnehmer, wie z. B. die Frau des in der Nachbarschaft wohnenden Autoschlossers – was wiederum zu einem rechtzeitigen Termin für die nächste große Durchsicht verhalf.

Waren Kunststoff-Tragetaschen mit den Logos großer Warenhauskonzerne enthalten, eigneten sich diese Behältnisse hervorragend dazu, den DIN-A3-Zeichenblock oder Sportsachen zu transportieren. Opportunisten, die auch die Firmenschilder von ihren amerikanischen Jeans bereit waren zu entfernen, trugen in der Schule die Tüten linksherum, Nonkonformisten wurden schon mal der Klasse verwiesen und nach Hause geschickt.

Die Mangelwirtschaft war eine Alltagserfahrung.

Das Westpaket bot stets etwas Besonderes.

Prost Kaffee!

Unsere Eltern liebten ihn, hüteten die 500-g-Packungen aus den Weihnachts-Westpaketen sorgsam und geizten mit sich selbst, verstauten sie, doppelt und dreifach luftdicht verpackt, in den Tiefen des immer gleichen und danach duftenden Küchenschrankfaches. Auch konnten sie es sich nicht verkneifen, vor jedem heiligen Akt des Kaffeetrinkens erwartungsvoll „Prost Kaffee" zu seufzen.

   Wir selbst kannten Kaffee als Malzkaffee und Kaffee-Ersatzmischung von Röstfein aus Magdeburg, der einzigen Kaffeerösterei der DDR. Aber auch der Kaffeeextrakt auf Ersatzbasis „Im Nu" aus Berlin hatte uns nie vom Stuhl gehauen. Unsere regelmäßigsten Begegnungen mit ihm fanden im Konsum statt, beim Einkauf des in goldenes Stanniolpapier eingewickelten preiswerten Instant-Würfels für unsere Eltern zum Wochenende, später beim Kauf der rot-silbernen Aluminium-Blechbüchse.

   Unseren Müttern gefiel „Rondo" am besten – er wurde im Lauf der - Jahre immer teurer – kostete 1976 statt der bisherigen 15 nun 30 Mark pro 250 g. Wenigstens gab es ihn überall zu kaufen. Nach dem Bezahlen in der HO-Ecke wurde die Tüte von der Verkäuferin geöff- net und gemahlen, manchmal auch erst zu Hause von uns portionsweise in der Handmühle zerkleinert.

Alles, was nach „Westen" roch, wurde gesammelt: leere Bierdosen, leere Zigarettenpackungen, leere Blechdosen …

Alle herbei zum 1. Mai

Schon Tage vor der jährlichen großen Mai-Demonstration, vorbei an der Ehrentribüne mit den Stadt- und Parteioberen, machten sich unsere Eltern Gedanken über das Wetter, das an diesem Tag vorherrschen würde – wollten sie doch mit uns an diesem Feiertag auf das nachmittags stattfindende Volksfest gehen. Zunächst aber ging es durch die belebten Straßen zum vereinbarten Stellplatz, an dem sich die Kollegen eines Betriebes oder einer Institution trafen.

Ein bisschen herausstaffiert mit den neuen Frühjahrs-Übergangsmänteln aus Popeline und geschmückt mit den am Stellplatz erhaltenen vorgefertigten Papierfähnchen, schob sich nach langer Warte- und Stehzeit der breite Tross ganz langsam durch die Nebenstraßen. Viele kleine Kinder saßen bald auf den Schultern ihrer Papas und schwenkten begeistert die im Kindergarten selbst gebastelten Fähnchen, die somit einem ersten und oft letzten Test auf Praxistauglichkeit unterworfen wurden. Oft blieb der Zug aus unerfindlichen Gründen nach wenigen Laufmetern stehen.

Es wurde viel geredet mit den Nachbarmännern und -frauen, wir selbst mussten meist brav und ordentlich Antwort geben auf die freundlichen Fragen von Vaters oder Mutters Kollegen. Auf der Hauptstraße angekommen und kunstvoll in den anderen Menschenstrom hineindirigiert, ging es zügig voran und plötzlich wurde es laut um uns. Rufer intonierten Losungen, die von allen Umlaufenden aufgenommen wurden. Der mächtige Sprechchor ließ uns die eigene Stimme nicht mehr hören. Wir waren wohl an der Tribüne angelangt, die wir mitlaufenden Kleineren vor lauter Hände- und Fahnenschwenkern um uns herum oft gar nicht sehen konnten.

In Lehre und Studium werden wir ohne Eltern mitlaufen, und nicht wenige von uns werden schon Tage vor der jährlichen großen Mai-Demonstration ihren vorzeitigen Weggang planen. Wir wollten uns am Stellplatz bei den Oberen des Betriebes zeigen, gesehen werden und uns dann gemächlich verdünnisieren. Andererseits: Anwesenheit bis zum Schluss bei solch durchkontrollierten Veranstaltungen – auch Staatssicherheitsleute, im FDJ-Hemd getarnt, waren immer dabei – bot die Möglichkeit, sich für die restlichen 364 Tage des Jahres politisch unangreifbarer zu machen. Allen sichtbar, haben wir hier schließlich unsere Jahresdosis gesellschaftlich wichtiger Arbeit geleistet!

Baumwollbikini, Wickelbluse und Dederonbeutel.

Freizeit

Dass Täve Schur es Ende der 50er-Jahre auf Diamant-Rennrä- dern zum Weltmeister im Straßenfahren bringen konnte und zwei Friedensfahr- ten gewann, wussten wir aus Erzählungen. Die Traditionsmarke von 1885 aus Chemnitz, 1952 in Volkseigentum überführt, war möglicherweise auch deshalb beliebter als ein Mifa-Rad aus Sangerhausen oder eines aus Reichenbach. „Wer Mifa lenkt, wird aufgehängt" und „Wer Mifa fährt, ist Dresche wert!"

Unser eigenes Damen- oder Herrenfahrrad, tourentauglich und im Tauchver- fahren rot, grün oder blau gefärbt, wurde selbstverständlich auch von uns selbst gepflegt, repariert und immer wieder mal geflickt. Wem dieses Können nicht ohne Weiteres in die Wiege gelegt war, dem wurde es von Freunden vorgemacht und beige- bracht. Die Jungen bastelten mit Kumpels einen eigenen Verstärker zusammen, werkelten am Moped oder Motorrad und veränderten ständig etwas an der elektrischen Modelleisen- bahn. Einige von uns waren sportlich und am Sport interessiert, spielten Handball im Verein oder Fußball, trainierten sommers wie winters als

Basteln wie die Weltmeister.

tüchtige Orientierungsläufer und nahmen an Wettkämpfen teil.

Andere von uns begannen zu nähen. Aus rarem Malimostoff nähten wir unseren Bikini für den Ostseeurlaub, andere nähten und schneiderten sich ihre Röcke, Hosen und Blusen selbst, auch Handtaschen oder Federtaschen aus Leder und Wildleder entstanden, Ringe wurden gebastelt aus Draht und Perlen. Sehr gern spielten wir „Skat" und „Schafskopf" auch „Mühle" und „Dame" mit den Eltern, denn dabei waren wir am Wohnzimmertisch plötzlich auf Augenhöhe mit ihnen.

Jugendweihe, Konfirmation, Kommunion

In jeder Klasse gab es ein bis zwei Schüler, die nicht bei den Pionieren oder in der FDJ waren und die sich, als Folge der Entscheidung ihrer Eltern, auch keine Jugendweihe wünschten, sondern die Konfirmation, seltener die Kommunion. Da es für die katholischen Gemeinden in einer Reihe von Großstädten, geschweige denn auf dem Lande, oft nur kleinere Gemeinde-häuser gab, kaum mehr eigene Kirchen, waren ihre Mitglieder und die Nachwachsenden oft zu

Jugendweihe. Von nun an wurden wir gesiezt.

DIE WELT UND IHRE GESETZE STETS FÜR DEN SOZIALISMUS SINNVOLL UND

JUGENDWEIHE URKUNDE

Ja, das geloben wir!

Gast in den evangelischen Kirchen. Einige von ihnen, wie die Leipziger Universitätskirche, ließen die katholische heilige Kommunion in ihren Mauern
anstandslos zu.

Immerhin war die Teilnahme an der Jugendweihe, dem einzigen DDR-Ritual,
das nicht auf ein sowjetisches Vorbild zurückging, freiwillig, wenn auch inzwischen von Schule und Staat als selbstverständlich angesehen. Nichtteilnahme
konnte noch Jahre später zu ernsthaften Benachteiligungen bei der Ausbildung und Berufszulassung führen. Schon 1954 war die Jugendweihe als
atheistisches Gegenmodell zur evangelischen Konfirmation und katholischen
Firmung in der DDR wiederbelebt worden. Im Vorfeld der von den meisten
unseres Jahrgangs genossenen Jugendweihe organisierten unsere Lehrer
und Eltern Jugendstunden, die sie oft selbst inhaltlich und ehrenamtlich
ausrichteten und uns damit aufs Erwachsenwerden vorbereiten wollten. Wir
besuchten einen Betrieb der sozialistischen Produktion, waren im Klubraum
einer russischen Kaserne mit sowjetischen Soldaten, hörten uns Erinnerungen
von deutschen Arbeiterveteranen an, fuhren zur antifaschistischen Prägung in

Sprengung der Leipziger Paulinerkirche (Universitätskirche), 30. Mai 1968, 9:58 Uhr auf Geheiß Walter Ulbrichts und einer willigen Politbürokratie.

ehemalige Konzentrationslager. Dorthin fuhr übrigens die ganze Klasse, auch die, die nicht an der Jugendweihe teilnehmen würden.

Während des Aktes der Weihe fühlten sich die meisten von uns recht unwohl – der neue Anzug passte nicht, das Kleid trug sich ungewohnt, die Frisur schien zu brav. Wir hatten das Gefühl, die uns zugedachte Rolle der nun Erwachsenen noch nicht ganz auszufüllen – auch wenn wir ab sofort von unseren Lehrern gesiezt wurden.

UTP

Während des Werkunterrichts oder unseres „Unterrichtstages in der Produktion" (UTP) oder bei „Produktiver Arbeit" (PA) trugen wir einen blauen Baumwoll-Arbeitskittel Modell „Alfred". Diese schulische Verbindung von Theorie

und Praxis war für viele von uns der erste Kontakt zur realen Arbeitswelt, da wir mindestens zwei Betriebe von innen kennenlernten, mit Arbeitern sprachen, die oft kein Blatt vor den Mund nahmen, mehr oder weniger anspruchsvoll handwerklich arbeiteten und ungefähre Vorstellungen davon erhielten, was wir später einmal machen würden – oder was auf gar keinen Fall.

Die Arbeit dort machte den meisten von uns Spaß, im Unterschied zum 14-tägig wechselnden Unterrichtsfach ESP / TZ, was „Einführung in die sozialistische Produktion" und „Technisches Zeichnen" bedeutete und nur Spaß machte, wenn man dabei im gleichen Betrieb blieb. In der Schule wurde dieser Stoff meist trocken und lebensfern vermittelt. Viele Mädchen interessierten sich für TZ leider ungefähr genauso wie für die täglich aktualisierten Wasserstandsmeldungen und Tauchtiefen.

Das ehemalige Schloss Goseck – für uns die Jugendherberge „Arthur Weißbrodt".

Zwischen Illusion und Wirklichkeit

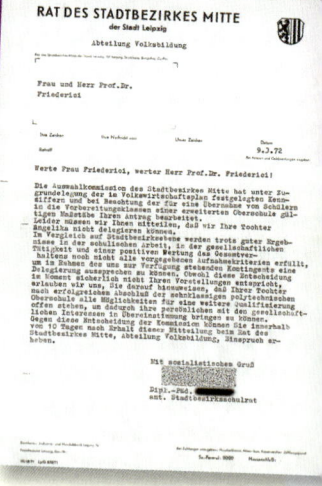

Oft entschied nicht Leistung, sondern soziale Herkunft – im Guten wie im Schlechten.

Erste Einschüchterungen

Im Kindesalter hörten wir Eltern darüber sprechen, dass die Wohnung abgehört würde. Im Alter von zehn Jahren hörten wir zufällig von Panzern, die durch eine große dicht bewohnte Stadt fuhren und waren erschrocken. Da lebten doch Menschen! In „Genossen-Berlin" flogen im April 1965 NVA-Düsenjäger im russischen Auftrag im Tiefflug über die östliche Sektorengrenze hinweg und provozierten über Westberlin. Ohrenbetäubend – was für ein Krach, was für eine Verunsicherung, dass alles ganz anders sein kann, als man glauben sollte.

Einige von uns wurden, noch minderjährig, der Staatssicherheit zum Verhör zugeführt, weil man den Freund der Freundin kannte, der gerade in den

Chronik

1. Januar 1972
VR Polen und DDR führen den pass- und visafreien Grenzverkehr ein.

21. Dezember 1972
Unterzeichnung des Vertrages über die Grundlagen der Beziehungen zwischen DDR und BRD.

3.–7. Juli 1973
Erste Konferenz über Sicherheit und Zusammenarbeit in Europa (KSZE), deren Gründung zum 1. August 1975 vorbereitet wurde.

28. Juli 1973
Eröffnung der X. Weltfestspiele der Jugend und Studenten in Berlin, Hauptstadt der DDR.

1. August 1973
Walter Ulbricht stirbt.

11. September 1973
Militärputsch in Chile, die demokratisch gewählte Regierung Salvador Allende wird durch den vom US-amerikanischen Auslandsgeheimdienst CIA initiierten Putsch gestürzt.

3. Mai 1974
Nationaler Verteidigungsrat der DDR bestätigt den „Schießbefehl" gegen Grenzverletzer. Aus der DDR-Verfassung von 1974 werden alle Hinweise auf ein Deutschland, eine deutsche Nation und die Wiedervereinigung gestrichen.

22. Juni 1974
Legendäres Jürgen-Sparwasser-Siegestor beim Spiel BRD-DDR in Hamburg während der Fußball-Weltmeisterschaft.

26. April 1976
In Berlin, Hauptstadt der DDR, wird der „Palast der Republik" eingeweiht.

18. August 1976
Selbstverbrennung von Pfarrer Oskar Brüsewitz.

13. November 1976
Ausbürgerung des Liedermachers Wolf Biermann. 1976 ist das erste Jahr des Hausarrestes für den Dissidenten Robert Havemann.

Westen „abgehauen" war. Da blieb man nicht „cool", da blieb nur die ängstliche Frage, wie man als Unschuldslamm in solch eine schreckliche Situation geraten konnte. Fast jeder von uns hat solche oder andere politisch motivierte frühe Schlüsselerlebnisse, die man erst später zu deuten wusste. Manche müssen daraus gelernt haben, nicht dazuzugehören. Im Großen „Wir" wurde das kleine „Ich" nicht beachtet, nicht ausreichend anerkannt, oft zertreten.

„A", „B" oder „I"

Wir Mitschüler machten uns nichts daraus, ob jemand bei den Pionieren oder in der FDJ war oder nicht. Im Gegensatz zu manchen Lehrern, die auf subtile Art benachteiligten, meist durch einfaches, aber wirkungsvolles ständiges Übersehen und Übergehen desjenigen. Gegen politisiertes Lehrerverhalten konnten wir Kinder keine Öffentlichkeit für uns in Anspruch nehmen, man war und blieb und fühlte sich unverstanden. Auch Kinder, deren Eltern in die Kirche gingen, wurden von manchen Lehrern geschnitten.

Sie wurden ausgeschlossen von den Jugendstunden und für diese Zeit strafversetzt in eine Parallelklasse. Fragwürdig erschien uns auch die soziale Trennung von Schülern. Stand ein „A" in der gedruckten Extra-Rubrik des Klassenbuchs vor unserem Namen, waren die Eltern Arbeiter und gehörten zur herrschenden Klasse. Stand ein „B" davor, kam man aus der Klasse der Bauern und trug man ein „I" im Siegel, gehörten die Eltern der Schicht der Intelligenz an. Im Arbeiter-und Bauernstaat führte das oft dazu, dass die leistungsmäßig Besten gerade nicht immer die ihnen gemäße Anerkennung oder weiterreichende Chancen erhielten.

Tanzstunde und Jugendtanz

Wer das Glück hat, sich an den ersten Auftritt von City erinnern zu können, ist am 3. Februar 1972 im Berliner Arthur-Becker-Klubhaus gewesen. Er hatte wie allgemein üblich 3,10 Mark für den Eintritt gezahlt – die Musiker verdienten 7,50 Mark in der Stunde – hörte immer drei hinreißende Fast-Originale nach Deep Purple, Jethro Tull, Santana oder Spencer Davis, dann war Pause.

Ernüchterung zwischen all der Sehnsucht nach weiter Welt. Später gelang City mit „Am Fenster" ein großer eigener Wurf, der auch uns umwarf und schon zu Hause glücklich oder sentimental machen konnte.

Ähnlich dem zeitgemäßen Alkoholgetränk, das manche von uns in diesem Jahr erstmals probierten – Vita-Cola, die coffeinhaltige Limonade für 35 Pfennig pro 0,33 Liter (oder Club-Cola) mit einem Schuss Wodka gemischt, etwas später war es dann der bittersüße weiße oder rote

Tanzstunden-Abschlussball, 1974.

Gotano. Denn Wermut macht Schwermut. Aber Rausch war nicht gleich Rausch, das lernten wir auch dank City schnell.

Anfangs wenig angetan von den uns politisch zu genehm scheinenden „Puhdys", die 1971 schon bei ihrem erstem Fernsehauftritt mit „Türen öffnen sich zur Stadt" Furore gemacht hatten, kauften wir 1974 deren erste Langspielplatte dann doch gern. Ihr toller Song „Geh dem Wind nicht aus dem Wege" von 1972 hatte unserem Erfahrungshorizont und Bauchgefühl gut entsprochen, einige ihrer Songs 1973 für den Film „Paul und Paula", geschrieben von Ulrich Plenzdorf, blieben auch auf Dauer anrührend. Später hörten wir, dass auch sie bereits seit den 60er-Jahren Musik machten – darunter solche von Deep Purple, Emerson Lake & Palmer, Uriah Heep und Led Zeppelin – alles Gruppen, die wir vom DSS oder von Westsendern bereits kannten.

Fast zeitgleich begannen wir, unsere eigene Jugendsprache zu entwickeln. Alles, was wir toll fanden, fetzte, und wir konnten uns ununterbrochen über etwas zerfetzen.

Schwestern teilen alles – daneben der kleine Kosmos-Weltempfänger.

Eigenes Geld

Seit wir 14 waren, durften wir in den Ferien arbeiten und verdienten unser erstes Geld – in der Konsumgüterproduktion mit dem Abschneiden und Biegen von Ofenblechen, in Plattenwerken mit körperlicher Arbeit, in Betrieben als Nachtwächter bis 22 Uhr, als Hilfslaborantin in 14 Tagen 220 Mark, im Buchhandel 14 Tage für 115 Mark.

Das erarbeitete und angesparte Geld wurde von einigen in Zigaretten investiert, von anderen in Leinen oder Baumwolle aus Prag, in den ersten Kassettenrekorder KT 100 oder sonett, in einen Plattenspieler, in ein Kofferradio Stern Dynamik 2030 (unsere erste Kofferheule) oder in das erste Motorrad!

Später wurden Inka und Diplom beiseitegelegt, sie fingen an, uns zu stinken, Semper oder Club gerieten zu den anhänglichen Lieblingen. Die sich ganz unabhängig Wähnenden rauchten die filterlose Karo mit dem davorgesteckten Mundstück oder mit Spitze – und so manchem war das Geld für Zigaretten schon immer viel zu schade!

Pausenbeschäftigung 1973.

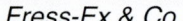

Fress-Ex & Co.

Familien, die über D-Mark verfügten oder in denen ein gefragter handwerklicher Beruf ausgeübt wurde, konnten sich viele Herzenswünsche und Alltagsbedürfnisse erfüllen. „Intershop" (seit 1962) und grauer Tauschmarkt funktionierten immer, seit 1974 durften auch DDR-Bürger offiziell im „Intershop" einkaufen. Klassische Sondergeschäfte, wie die Warenbeschaffung mithilfe der Westverwandtschaft durch „Genex" (seit 1957) oder die einheimischen Läden unter der Bezeichnung „delikat" (seit 1966) oder „Exquisit" (seit 1962), die seit der 2. Hälfte der 70er-Jahre stark ausgebaut wurden, verbesserten die Versorgungslage kurzzeitig.

Sie schafften aber neue Ungerechtigkeiten in der Warenversorgung. Oft galten delikat-Lebensmittel in Geschmack und Verpackung als „nur nachgemacht" und stellten keinen wirklichen Gegenwert zum hohen Preis dar.

Nur bei delikat – das Ostpendant von Nutella.

Mutprobe

Hatte man Glück als Mädchen, hatte man eine gute Freundin. Sowohl Vertrauen als auch Reibungsfläche gingen so weit, dass man zusammen mauste – einmal und nie wieder. In einer Kaufhalle, etwas Feines sollte es sein, also Schokolade. Während die eine rasch und verstohlen irgendeine Tafel griff, die da lag, sondierte die andere sorgfältig die Lage, überschlug im Kopf die Wege und den Zeitfaktor, den die Kassenfrau benötigen würde, sie sehen zu können, und griff zu. Unter der teuersten Sorte machte sie es nicht – einer dunklen Herrenschokolade zu geschenkten 4,80 Mark. Ob sie die Beute nach Verlassen der Kaufhalle geteilt und gleich vertilgt haben, steht zu bezweifeln – der Schreck über das soeben Vollbrachte erreichte sie mit leichter Zeitverzögerung fast gleichzeitig und ließ sich nicht weglachen.

Andere konnten sich im zarten Alter von 16 der ernst zu nehmenden Verführung einer braunen Feincordhose nicht widersetzen – clever vorbereitet betrat man mit zu großen langen Hosen die Einrichtung der Jugendmode und ließ das Objekt seiner Begierde in der Umkleidekabine einfach gleich an. Siebzig Mark waren gespart und ein jahrelanges Lieblingsstück war unser.

Schuwi damm damm, Schuwi damm damm

Zieh den Kopf aus der Schlinge, Bruder John, denn du hast den Farbfilm vergessen. Gerade weil du nicht immer 17 sein kannst, ist die Freiheit wohl grenzenlos nur über den Wolken. Da hilft auch der hingeschmetterte Badewannen-Tango nichts: Du fängst den Wind niemals ein! Denn nach siebenmal Morgenrot und siebenmal Abendrot und der vergeblichen Hoffnung, dass vorn das Licht ist, kommt dein persönliches Waterloo. Und trotzdem: Baby, du bist nicht allein, gib dem Glück eine Chance, schließlich lassen wir uns das Singen nicht verbieten! Hoch auf dem gelben Wagen ist nun bis zum Horizont alles blond.

Auch das Mädchen aus Ostberlin weiß inzwischen, dass Einsamkeit viele Namen hat. Denn Tränen lügen nicht, Honey, Honey, und vergiss niemals: Diese Welt ist ein Jahrmarkt! Ausgestattet mit einem Cocktail all dieser Lebensweisheiten durch die deutsch-deutsche Schlager-, Beat-und Chansonszene,

wurden wir 16-Jährigen 1974 aus der POS oder den vorbereitenden Abiturklassen entlassen in die erste Freiheit der Lehre, der Ausbildung oder der Abiturklassen 11 und 12.

Die umseitig verwerteten Titel kennen wir in dieser Reihenfolge von folgenden Interpreten: von Udo Jürgens, Nina Hagen, Chris Roberts, Reinhard May, Lutz Jahoda, Howard Carpendale (auch Überschrift), Andreas Holm, den Puhdys, Abba, Michael Holm, Hauff & Henkler, Tina York, Walter Scheel, Peter Albert, Udo Lindenberg, Christian Anders, Michael Holm, Abba und Adamo.

Aus unserem schwarz-weißen Fernsehprogramm, 1973.

Familienfernsehen 1974

Die im Westfernsehen neue Familiensendung „Am laufenden Band" mit Rudi Carell wurde von der ganzen Familie beim späten Abendbrot begeistert gesehen. Es gab Apfelscheiben und Käse auf im Herd überbackenen gebutterten Weißbrot.

Samstagabend saßen wir in unserem großen Wohnzimmer eng um den 60er-Jahre-Couchtisch herum, Kinder auf dem zum Essen oft unbequemen und zu niedrigen Sofa, auf das wir auch nur gelangten, wenn wir uns vorher mit vielen Verrenkungen und Verbiegungen um drei einzeln stehende Stuhlsessel, um die Stehlampe und um die farbige Dreiarm-Lampe herumgeschlängelt hatten. Das virtuose Kunststück, bei dieser engkurvigen Verfahrensweise nichts vom Tisch zu stoßen, gelang nicht immer. Die Gewinnpreise bei Carell schienen uns allerdings eigenartig, Grünpflanzen waren doch keine Geschenke, aber einige Dinge hätten wir selbst schon ganz gern gehabt: den Plattenspieler, das Tonbandgerät oder das Kofferradio mit Kassettenteil. Toll fanden wir die Idee mit dem Fragezeichen-Würfel – der ließ uns Zeit, den Traumwunsch des Abends zu träumen.

Die im Westfernsehen laufende neue Serie „Ein Herz und eine Seele" mit Ekel Alfred wurde von Eltern eher zufällig gesehen, dann aber gern, weil man über die familiären und politischen Zustände der anderen so schön spotten konnte. Wir selbst fanden damals nichts an diesen genialen Folgen, erkannten das eigene Wohnzimmer darin noch nicht wieder.

Schauten wir allein fern, mochten wir noch immer Reihen oder Fernsehserien wie „Professor Flimmrich", den „Kapitän vom Tenkesberg", die „Stülpner-Legende", „An jedem Kilometer" oder selbst „Geheimkommando Bumerang", die das Gute stets siegen ließen.

Selbstbenäht.

Erster Knutschfleck

Seit 1972 war die Antibabypille für 16-jährige Mädchen kostenfrei auf Rezept zu erwerben, Abtreibung war bis zur 12. Woche legalisiert worden. Alle drei bis sechs Monate konnten sie das Rezept erneuern, um die kleine grüne

„Non Ovlon" oder „Ovosiston" allmorgendlich zu schlucken. Sie waren bereit! Doch die Pille machte viele von den Mädchen auch wählerisch.

Siebzehn war man, doch weit und breit kein Iwanuschka aus dem russischen Märchenfilm „Die schöne Wassilissa" und keine Wassilissa, kein Janek aus der polnischen Fernsehproduktion „Vier Panzersoldaten und ein Hund" und keine Marusja und schon gar kein Paul und keine Paula waren zu sehen, nur wenige gute Klassenkameraden, mit denen man lachen und weinen konnte. Sollte das Liebe sein? Unser erster Knutschfleck rangierte zwischen Peinlichkeit und Trophäe und fristete sein erstaunlich langes Leben unter einem Rollkragenpulli oder modischen Schal.

Einige von uns probierten alles aus, suchten heftig nach dem anderen Geschlecht, fanden es oder fanden es nicht: Für andere blieb Vorsicht auch weiterhin die Mutter der Porzellankiste. Mit Kondomen kamen die Jungen das erste Mal über Erzählungen anderer in Berührung, die sie zunächst gar nicht verstanden, aber trotzdem lauthals lachten. So war das eben, sie brauchten sie ja nicht, nahmen die Mädchen doch die Pille.

Unser naher Osten

Dass Walter Ulbricht am Grab des 1956 gestorbenen Bertolt Brecht die Trauerrede gehalten und damit öffentlichkeitswirksam dokumentiert hatte, dass Brecht „unser" sei, hatten wir damals gehört oder gelesen. Dass Erich Mielke 1957 vor Stasi-Leuten in einer tondokumentierten Rede davon sprach, dass er Brecht, wenn dieser nicht schon gestorben wäre,

Köstliche Geschichten von Herrn K. …

„fertigmachen" würde, erfuhren wir erst Jahrzehnte später. Vorerst würden viele von uns – dank unserer Eltern – Brechts Texte mögen, lernen, auswendig

können und sogar auf dem „Fest der Deutschen Sprache" erfolgreich rezitieren.

Als Auszeichnung für den Sieger des Republikausscheides oder für andere hervorragende Leistungen in der Lehre oder auf dem Gebiet der Musik winkte eine zehntägige kostenlose Reise mit dem Freundschaftszug nach Moskau oder Kiew.

Die ersten Beatles-Platten haben einige von uns im Moskauer GUM gekauft! Sie waren überrascht von der Größe Moskaus, und davon, dass Händler Fleisch oder Fisch in Zeitung lose eingewickelt auf der Straße verkauften, dass

Unser erstes Zelt – hier eines aus dem Westpaket.

Rast kurz vor Prag.

jede Metrostation anders und beeindruckend aussah, überrascht von den berüchtigten Stehtoiletten mit seitlichen Griffen zum Festhalten. Auch wenn der Blick gen Westen zunehmend zur eigenen Sichtachse gehörte, machten die meisten von uns ihre ersten Reiseerfahrungen ohne Eltern weiter östlich, in Polen, Bulgarien, der ČSSR, hier vor allem in der Hohen Tatra oder in Prag. Wir fuhren mit dem Fahrrad, unserem Moped „Star" oder mit dem Zug, manche von uns trampten fünf Tage bis Bulgarien, weil sie in Rumänien zwei Tage pausieren mussten – Personalausweis und Papiere waren gestohlen worden.

Unser Zelt war vorn mannshoch und hinten sehr flach, wir imprägnierten die Baumwolle ständig nach und wehe, wir stießen bei Regen gegen das Dach!

Wir haben viel gesehen, gerochen, geschmeckt und gespürt und genossen unsere erste Reisefreiheit. Wir würden alle Städte besuchen und alle Lande, wir würden viel sehen und viel sprechen und uns manchmal „ernsthaft fragen" und manchmal staunen und manchmal lachen, ein wenig träumen und nass werden vom Regen!

Und wie hältst du´s mit der Partei?

In Lehre, Studium und Beruf, ob in der Großstadt oder auf dem Land, wurden so manche von uns auf diese unausweichliche Weise gefragt. So mancher geriet in innere Bedrängnis, nicht jeder. Nicht wenige Eltern empfahlen, dies mit der Begründung fehlender Reife für die äußerst verantwortungsvolle Aufgabe abzulehnen. Sich selbst öffentlich klein zu machen, um nicht gezwungen werden zu können ... das schmeckte uns gar nicht, war demütigend, aber erfolgreich.

Geknipst mit Schnell-Lade-System.

Vorläufig jedoch waren wir gerade volljährig und bekamen in der Abiturklasse in einer normalen Deutschstunde unangekündigten Besuch eines Herren vom Rat der Stadt. Viel berichtete er über die Leistungen, Aufgaben und Zukunft der SED. Nach seiner Bitte am Ende der Unterrichtsstunde, dass sich diejenigen melden mögen, die in die SED eintreten möchten, schnellten eine Menge Hände in die Höhe. Da waren helle und wache Köpfe dabei, begeisterungsfähige, die sich selbstverständlich auf die Seite der Guten und Fortschrittlichen schlagen wollten.

Misstrauisch haben einige von uns beobachtet, dass sich der Lehrer in der Zeit, in der so viele von uns die Hände hoch hielten, mehr für die Schüler zu interessieren schien, deren Hände unten geblieben waren.

Wir waren fleißig – „Für gutes Wissen in Bronze".

Nutze den Tag!

Bei einigen von uns hatte sich in diesen Jahren eine schwankende Stimmung zwischen Resignation und Meuterei herausgebildet, andere entwickelten eine Tendenz dazu, sich zu entziehen, wieder andere schauten froh und unbeschwert in die Zukunft und fragten sich, was diese ihnen wohl bringen würde. Und die meisten von uns trugen wahrscheinlich von allem etwas in sich.

Unsere politischen Hoffnungen und Konsumerwartungen waren via Politik, Elternhaus, Schule, sozialer Kontakte und eigener Erfahrung vom ersten Lebenstag an vom Blick über die Mauer mitbestimmt worden. Schöpferische Entfaltungsmöglichkeiten des Einzelnen ohne politische Phrase und unabhängig vom Parteibuch schienen dort gegeben, so wurde es schon lange vor 1989

von uns über die Sender der ARD und des ZDF wahrgenommen. Der real erlebte DDR-Sozialismus hatte uns nur eine scheinheilige Lebenssicherheit vermitteln können. Einige von uns sollten sehr bald vertraute Freunde, Partner oder Kollegen für immer an den Westen verlieren, auch an die Staatssicherheit. Für andere hatte sich in den ausgehenden 70er- und 80er-Jahren die Frage nach einer illegalen oder legalen Ausreise aus der DDR ebenfalls gestellt. Die meisten unseres Jahrgangs verneinten dies für sich.

Mit unseren guten und schlechten Kinder- und Jugenderinnerungen an den real existierenden DDR-Sozialismus werden wir es wohl halten müssen wie mit den Diamanten – wir sollten sie mit Fassung tragen!

Einige unserer Klassenkameraden kamen am 1. November 1976 zur Fahne.

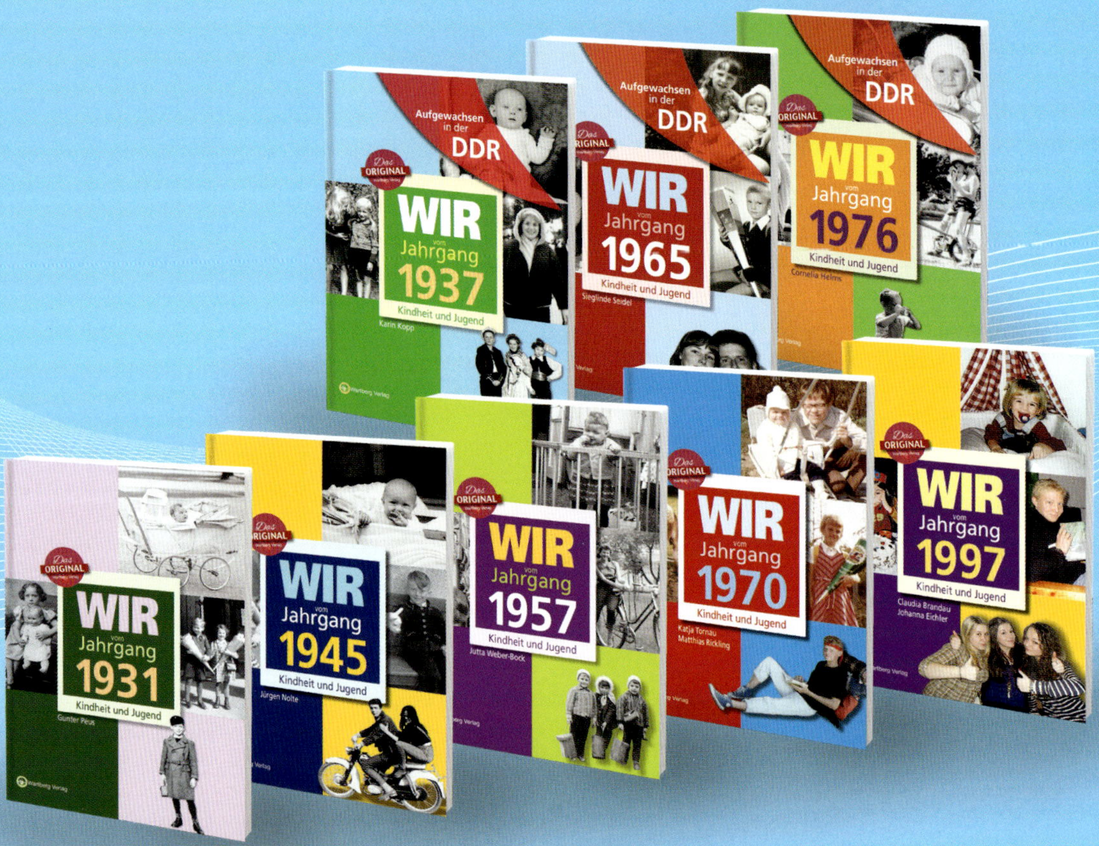